1日5分 ビジネス英単語 トレーニング

安達 洋・岩崎ゆり子

TOEIC対策にも使える

SOGO HOREI PUBLISHING CO.,LTD.

はじめに

　本書は2011年3月に出版した『1日5分ビジネス英語トレーニング』の姉妹編で、単語力の強化にフォーカスしたものです。
　英語に限らず、あらゆる外国語の学習にはボキャブラリーを増やすことが不可欠です。
　本書の著者2人は主にビジネスパーソン向けに英語研修講師をしていますが、多くの学習者にとって、「単語が覚えられない」ことが最初にぶつかる壁であり、半永久的な課題であることを痛感しています。本書は多忙なビジネスパーソンが限られた時間を使って、ビジネスシーンで必要な単語を効果的に学習できることを目的に執筆しました。

　それでは、どうしてこれほど多くの学習者が単語の暗記で挫折してしまうのでしょうか？　その原因を考えてみたいと思います。

原因❶　一生懸命覚えてもすぐに忘れてしまう

　たしかに、いくら単語を覚えても、すぐに忘れてしまうことを繰り返していれば、自己嫌悪に陥ったり、英語学習を続けていく意欲が萎えてしまいます。どうしてこんなにも私たちは、がんばって覚えたものをたやすく忘れてしまうのでしょうか？
　ひとつ考えられるのは、私たちは無意識のうちに、アタマに入れた知識に優先順位をつけているかもしれないということです。「この単語、忘れたら相当やばい」と思えた単語は、そうでない単語よりも、忘れにくいはずです。また、忘れたとき、相当悔し

い思いもするはずです。

　実は、こうした不都合な現象を体験してはじめて、私たちは「この知識を手放してはいけない」と真剣に感じ取り、記憶に定着させているのだと思います。ということは、本書で一度アタマに入れた単語を、さまざまな手法を使って思い出そうとしてみて、「忘れてしまっている」というストレスをあえて体験してみることが大切です。そのストレスこそが、「次は、忘れたらいやだなぁ」という気持ちにさせ、長期の記憶に取り込もうとするモチベーションがみなさんの潜在意識に生まれるはずです。

理由❷　覚えるべき情報に優先順位がつけられない

　優先順位がつけられなければ、目の前にある単語すべてを片っ端からアタマに入れようとして、すぐに容量オーバーになってしまいます。

　これからは、一つ一つの単語と出会うたびに、「この単語は頻繁に使いそうだな」とか、「この単語はめったに使わなさそうだな」というようにイメージして眺めるようにしてみましょう。

　このあたり、ちょっと部屋の整理にも似ています。一つ一つのものを見て、「これは、重要なものだからとっておこう」と「これはいらないから捨てよう」と、どちらの気持ちに傾くのか、自分の声に耳を済ませてみると、どんどん要らないものが捨てられていき、部屋の中は本当に必要なものだけになることでしょう。

　本書を読むときも同様です。「この単語は今の自分にとって必要だ」「この単語は、今はそれほど必要じゃない」と仕分けする気持ちで読んでいきましょう。そうすれば、たとえば1ページに10個単語が並んでいても、その中の2〜3語だけが記憶に引っ

かかるようになることでしょう。

理由❸　覚える作業ばかりで、使う楽しさがない

　どんなスキルでも、インプットとアウトプットのバランスが肝要です。本書をある程度読んだり付属のCDを聴いたりしたあとは、一度声に出してみることをお薦めします。幸い、さまざまな国の人たちが英語をコミュニケーションツールとして使っているおかげで、発音に関してはそれほど神経質にならなくてもいい時代になりました。カタカナ発音をベースとしつつ、CDの音声に少しだけ近づくようなイメージで声を出していただければ十分です。

　また、本書には、アタマの中の日本語をスムーズに英語にするために、「英語語順の和訳」がついています。これを使って、思い浮かんだ英語を声に出してみましょう。そのあとで、モデル英文をチェックすることで、単純な暗記作業から、気持ちが少し開放され、英語を使う楽しさを味わっていただけることでしょう。
　この他にも本書には、単語を覚えやすくするコツや効果的な本書活用術を盛り込んでありますので、ぜひ今後の単語学習にお役立てください。

　本書をきっかけに、自己流であっても、堂々と英語で話せる人たちが増えていくことを願ってやみません。

　　　　　　　　　　　　　平成24年3月30日　安達 洋・岩崎ゆり子

Contents

はじめに 002

1日5分の学習メニュー 011

本書の構成 012

レベル別学習ステップ 016

リアルな発音を習得するために 023

付属 CD（2枚組）及びダウンロードコンテンツについて 028

登場人物からのメッセージ 030

Category 1

Target words and sentences NO.1
行為を表す動詞 034 ／ Passage 1 038

Target words and sentences NO.2
動詞＋前置詞・副詞で表現を増やそう！ 040
／ Passage 2 044

Target words and sentences NO.3
道案内をしてみましょう！ 046 ／ Passage 3 050

Target words and sentences NO.4
仕事場にあるもの 052 ／ Passage 4 056

Target words and sentences NO.5
自分の町を説明してみる 058 ／ Passage 5 062

Target words and sentences NO.6
文化の違いを説明してみる 064 ／ Passage 6 068

Target words and sentences NO.7
学校に関連した表現 070 ／ Passage 7 074

Category2

Target words and sentences NO.1
クローズクエスチョンで明確に！① 078

Target words and sentences NO.1
クローズクエスチョンで明確に！② 080

Target words and sentences NO.2
オープンクエスチョンで会話を広げる① 082

Target words and sentences NO.2
オープンクエスチョンで会話を広げる② 084

Target words and sentences NO.3
オープンクエスチョンで会話を広げる③ 086

Target words and sentences NO.3
オープンクエスチョンで会話を広げる④ 088

Target words and sentences NO.4
オープンクエスチョンで会話を広げる⑤ 090

Target words and sentences NO.4
オープンクエスチョンで会話を広げる⑥ 092

Target words and sentences NO.5
If などを使った表現① 094

Target words and sentences NO.5
If などを使った表現② 096

Target words and sentences NO.6
まずは誘ってみるための問いかけ① 098

Target words and sentences NO.6
まずは誘ってみるための問いかけ② 100

Target words and sentences NO.7
積極的に提案するための表現① 102

Target words and sentences NO.7
積極的に提案するための表現② 104

Target words and sentences NO.8
情報を確認しよう① 106

Target words and sentences NO.8
情報を確認しよう② 108

Category3

Target words and sentences NO.1
Weather 天気 112 / Skit 1 114

Target words and sentences NO.2
Fashion ファッション 116 / Skit 2 118

Target words and sentences NO.3
Art 芸術 120 / Skit 3 122

Target words and sentences NO.4
Relationships 恋愛関係 124 / Skit 4 126

Target words and sentences NO.5
Food 食べ物 128 / Skit 5 130

Target words and sentences NO.6
Education 教育 132 / Skit 6 134

Target words and sentences NO.7
Household chores 家事 136 / Skit 7 138

Target words and sentences NO.8
Getting sick 病気になる 140 / Skit 8 142

Target words and sentences NO.9
History 歴史 144 / Skit 9 146

Target words and sentences NO.10
Law 法律 148 ／ Skit 10 150

Target words and sentences NO.11
Economy 経済 152 ／ Skit 11 154

Target words and sentences NO.12
Politics 政治 156 ／ Skit 12 158

Target words and sentences NO.13
Religion 宗教 160 ／ Skit 13 162

Target words and sentences NO.14
Language 言語 164 ／ Skit 14 166

Target words and sentences NO.15
Culture 文化 168 ／ Skit 15 170

Target words and sentences NO.16
At a party パーティーで 172 ／ Skit 16 174

Target words and sentences NO.17
Complaints クレーム 176 ／ Skit 17 178

Target words and sentences NO.18
Evaluation 評価 180 ／ Skit 18 182

Target words and sentences NO.19
At the office オフィスで 184 ／ Skit 19 186

Target words and sentences NO.20
On the phone 電話で 188 ／ Skit 20 190

Category4

Target words and sentences NO.1
不動産に関するコンテンツ 194 ／ Passage 1 196

Target words and sentences NO.2
自動車に関するコンテンツ 198 ／ Passage 2 200

Target words and sentences NO.3
保険に関するコンテンツ 202 ／ Passage 3 204

Target words and sentences NO.4
小売に関するコンテンツ 206 ／ Passage 4 208

Target words and sentences NO.5
金融に関するコンテンツ 210 ／ Passage 5 212

Target words and sentences NO.6
飲食に関するコンテンツ 214 ／ Passage 6 216

Target words and sentences NO.7
ホテルに関するコンテンツ 218 ／ Passage7 220

Target words and sentences NO.8
航空に関するコンテンツ 222 ／ Passage 8 224

Target words and sentences NO.9
リゾートに関するコンテンツ 226 ／ Passage 9 228

Target words and sentences NO.10
接客に関するコンテンツ 230 ／ Passage 10 232

Target words and sentences NO.11
通信に関するコンテンツ 234 ／ Passage 11 236

Target words and sentences NO.12
鉄道に関するコンテンツ 238 ／ Passage 12 240

Target words and sentences NO.13
教育に関するコンテンツ 242 ／ Passage 13 244

Target words and sentences NO.14
フィットネスに関するコンテンツ 246 ／ Passage 14 248

Target words and sentences NO.15
出版に関するコンテンツ 250 ／ Passage 15 252

Target words and sentences NO.16
電子機器に関するコンテンツ 254 ／ Passage 16 256

Target words and sentences NO.17
製薬に関するコンテンツ 258 ／ Passage 17 260

Target words and sentences NO.18
コンサルティングに関するコンテンツ 262 ／ Passage 18 264

Target words and sentences NO.19
エネルギーに関するコンテンツ 266 ／ Passage 19 268

Target words and sentences NO.20
貴金属に関するコンテンツ 270 ／ Passage 20 272

Target words and sentences NO.21
投資に関するコンテンツ 274 ／ Passage 21 276

Target words and sentences NO.22
メディアに関するコンテンツ 278 ／ Passage 22 280

Target words and sentences NO.23
IT に関するコンテンツ 282 ／ Passage 23 284

Target words and sentences NO.24
エンターテインメントに関するコンテンツ 286 ／ Passage 24 288

Target words and sentences NO.25
冠婚葬祭に関するコンテンツ 290 ／ Passage 25 292

Target words and sentences NO.26
医療に関するコンテンツ 294 ／ Passage 26 296

Target words and sentences NO.27
介護に関するコンテンツ 298 ／ Passage 27 300

巻末資料：単語マスターのコツ 302

INDEX さくいん 306

- 装丁 ・・・・・・・・・・・ 折原カズヒロ
- カバー・本文イラスト ・・・・ テンキ
- 本文デザイン・組版 ・・・・・ 土屋和泉

◉ 1日5分の学習メニュー

下記は本書のコンテンツを1日5分を使って学習するためのモデルプランです。語学学習は習慣化が大切です。ぜひトライしてください。

見出し語＋例文編

step 1 見出し語の意味と例文の意味を確認（1分）
知っている単語は例文のみ確認しましょう。

step 2 CDを聴きながら、英文を黙読し、文字と音声のギャップを確認（1分）
テキストとCDを照合してみると、書かれた文字通りにすべての英文が発音されているわけではないことがわかります。たとえば、quite a bit（かなりの）と書かれてあっても、実際の音声は、"クワイト　ビット"ではなく、"クワイタビッ"と聞こえます。こうしたギャップをなるべくたくさん見つけましょう。

step 3 見出し語と例文を音読（2分）
初級学習者はカタカナ表記、上級学習者は発音記号をそれぞれ参考にして、音読してみましょう。

step 4 英文を見ずに、CDを聴いて、見出し語、例文の理解を確認（1分）

これでトレーニングは一旦終了です。次の新しいセンテンスに進みましょう。

パッセージ・スキット編

step 1 英文と和訳を照合して、新出単語をチェック（2分）
和訳を照合することで、辞書を使う手間と時間を節約します。うまく照合ができない箇所は、英和辞書で調べましょう。

step 2 CDを聴きながら、英文を黙読し、文字と音声のギャップを確認（1.5分）
パッセージ・スキットは、情報量が多いため、見出し語例文よりも、音声と文字のギャップはあまり気にならないかもしれません。それよりも、黙読のスピードがCDのスピードに追いつかないことのほうが気になるかもしれません。そんなときは、CDを聴かずに、新出単語の確認や、文中の主語や動詞を確認し、文の意味や構造を確認することを優先しましょう。

step 3 英文を見ずに、CDを聴いて、パッセージ・スキットの理解を確認（1.5分）

これでトレーニングは一旦終了です。次の新しいセンテンスに進みましょう。

本書の構成

Category1

見出し語・例文

見出し語は、単語を単独で聴いただけでも意味が浮かび、さらに日本語の意味を見て自分で音声化できることがゴールです。見出し語だけ暗記してもなかなか記憶に定着しません。下の例文でその見出し語がどのような文脈で使われているか確認しましょう。

和訳

和訳は、通常の和訳と、英語語順に調整されたものを用意しました。アタマの中の日本語を英語に訳すのに時間がかかってしまう場合、英語語順に調整された和訳を使ってみると、その時間が短縮されることでしょう。

パッセージ

長文を聴いたり、黙読したり、音読したりしながら、自然に新出語彙を身につけていくことを狙っています。

Category 2

見出し語・例文

見出し語は、単語を単独で聴いただけでも意味が浮かび、さらに日本語の意味を見て自分で音声化できることがゴールです。見出し語だけ暗記してもなかなか記憶に定着しません。下の例文で、その見出し語がどのような文脈で使われているか確認しましょう。

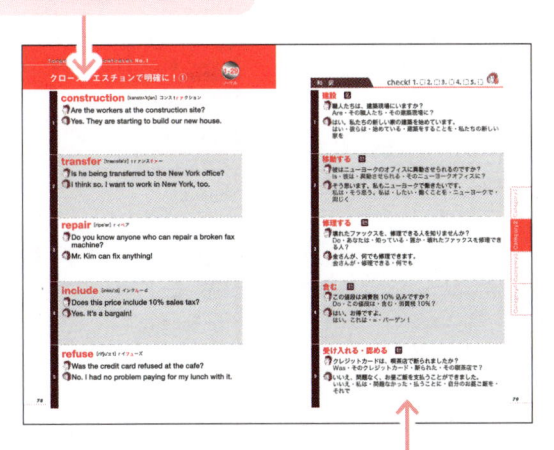

和訳

和訳は、通常の和訳と、英語語順に調整されたものを用意しました。アタマの中の日本語を英語に訳すのに時間がかかってしまう場合、英語語順に調整された和訳を使ってみると、その時間が短縮されることでしょう

Category3

見出し語・例文

見出し語は、単語を単独で聴いただけでも意味が浮かび、さらに日本語の意味を見て自分で音声化できることがゴールです。見出し語だけ暗記してもなかなか記憶に定着しません。下の例文でその見出し語がどのような文脈で使われているか確認しましょう。

和訳

和訳は、通常の和訳と、英語語順に調整されたものを用意しました。アタマの中の日本語を英語に訳すのに時間がかかってしまう場合、英語語順に調整された和訳を使ってみると、その時間が短縮されることでしょう。

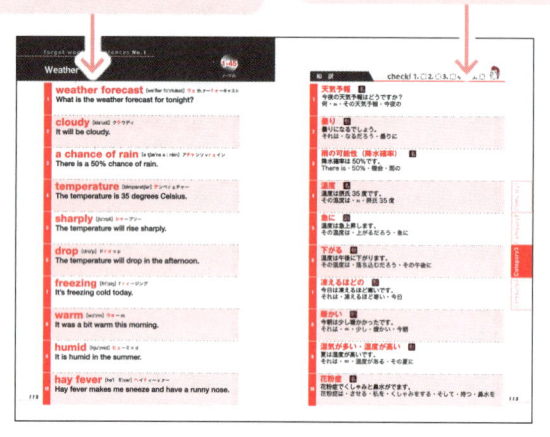

スキット

会話の当事者になった気分で音読しましょう。

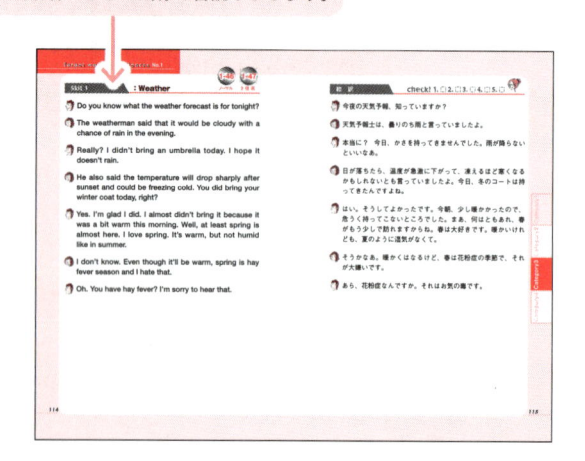

Category 4

見出し語・例文
見出し語は、単語を単独で聴いただけでも意味が浮かび、さらに日本語の意味を見て自分で音声化できることがゴール。見出し語だけ暗記してもなかなか記憶に定着しません。下の例文でその見出し語がどのような文脈で使われているか確認しましょう。

和訳
カテゴリー4からは、英語語順調整和訳はなくなります。通常の日本語から英語に変換することに慣れていきましょう。

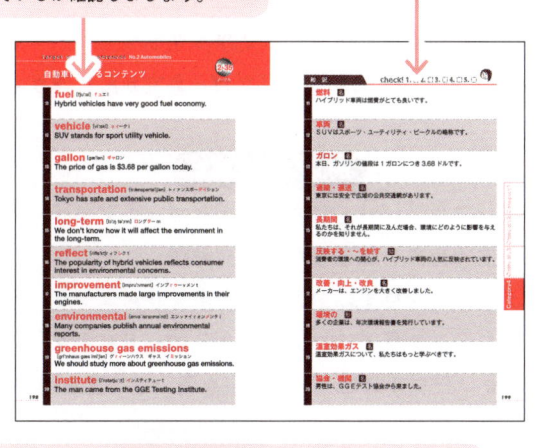

パッセージ
情報処理力の基本は、速読力。十分に新出単語を確認した上で、何度も繰り返し読み、黙読のスピードを上げていきましょう。

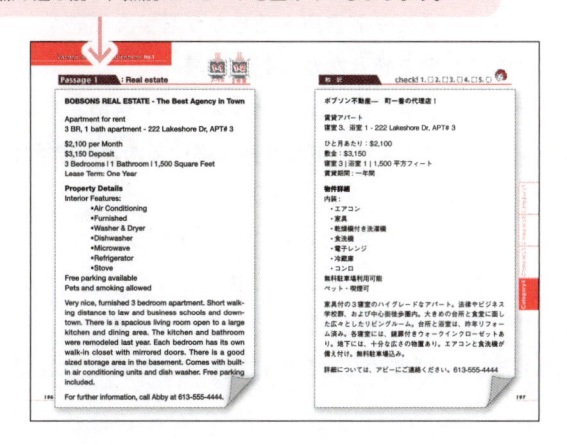

レベル別学習ステップ

初級レベル　beginner

例文（発信編）

STEP1：英文と英語語順和訳を照合
STEP2：英文音読
STEP3：英語語順和訳を見ながら英語組み立て
STEP4：通常の和訳を見ながら英文組み立て
▶**ゴール：通常の和訳を見ながら英文が頭に浮かぶ**

例文（受信編）

STEP1：ノーマルスピード音声を聴きながら英文黙読
STEP2：2倍速音声を聴きながら英文黙読
STEP3：テキストを見ずに、2倍速音声をリスニング
STEP3：テキストを見ずに、ノーマルスピード音声をリスニング
▶**ゴール：ノーマルスピードの音声を聴いて内容が理解できる**

パッセージ・スキット（受信編）

STEP1：英文の構造確認＋和訳で意味を確認
STEP2：ノーマルスピード音声を聴きながら英文黙読
STEP3：2倍速音声を聴きながら英文黙読
STEP4：テキストを見ずに、ノーマルスピード音声をリスニング
▶**ゴール：ノーマルスピードの音声を聴いて内容が理解できる**

※初級者への学習アドバイス

　語彙は、英文をたくさん聴いたり読んだり声に出しているうちに自然に増えていくため、上記トレーニングメニューには、単語の暗記は含まれていません。文脈に頼らず、単語を単独で覚えた

いという方は、上記トレーニングが終わったあと、見出し語だけを見て意味が浮かぶか確認してみるとよいでしょう。そのとき、意味が浮かばなかった見出し語があれば、例文を再度読み、辞書で他の例文も確認し、その単語のイメージを膨らませておきましょう。

中級レベル　intermediate

例文（発信編）

STEP1：英文と英語語順和訳を照合
STEP2：英文音読
STEP3：英語語順和訳を見ながら英語組み立て
STEP4：通常の和訳を見ながら英訳組み立て
▶**ゴール：通常の和訳を見ながら英文が頭に浮かぶ**

例文（受信編）

STEP1：ノーマルスピード音声を聴きながら英文黙読
STEP2：２倍速音声を聴きながら英文黙読
STEP3：テキストを見ずに、２倍速音声をリスニング
STEP3：テキストを見ずに、ノーマル音声をリスニング
▶**ゴール：ノーマルスピードの音声を聴いて内容が理解できる**

パッセージ・スキット（受信編①）

STEP1：英文の構造確認＋和訳で意味確認
STEP2：ノーマルスピード音声を聴きながら英文黙読
STEP3：２倍速音声を聴きながら英文黙読
STEP4：テキストを見ずに、ノーマルスピード音声をリスニング
ゴール▶テキストを見ずにノーマルスピードの音声を聴いて内容が理解できる

パッセージ・スキット（受信編②）

STEP1：英文音読
STEP2：ノーマルスピード音声を聴きながら英文音読
STEP3：テキストを見ずに、ノーマル音声を聴きながら、自分の声で音声再生（シャドーイング）
STEP4：テキストを見ずに、黙って音声を聴いてみる

ゴール▶テキストを見ずにノーマルスピードの音声を聴いて内容が理解できる

※シャドーイングについて

　英語を聴いて理解できるためには、2つのステージが必要です。1つ目は、聴き取れた音声を文字化すること。2つ目は文字化したものに意味をあてがっていくことです。

　たとえば、「I graduated from the same university as my father.」を聴いて理解できるということは、「グラデュエイティッ」や「セイムユニバーシティ」などの単語を聴いて「graduated」や「same university」という文字が浮かんでいるはずです。文字として認識できた「graduated」や「same university」にそれぞれ「卒業した」「同じ大学」という意味を当てはめることで、上記英文を「私は父と同じ大学を卒業した」と理解できるわけです。

　シャドーイングは、聴解に必要な2つのステージのうちの1つ目、すなわち、聴き取った音声情報を文字情報に変換する力を養うものです。「I graduated from the same university as my father.」という英文を聴いたら、頭に同じ文字を浮かべられるようにするために、自分の声を使って確かめていくのです。テキストは見ずに、耳だけでキャッチした音声を自分の声で影（シャドー）のように追いかけていくことから、シャドーイングと呼ばれています。

　シャドーイング最中は、音声情報の文字化に集中しているため、聴こ

えてくる英文の意味までは意識が向かいません。シャドーイングがある程度できるようになったら、今度は黙って聴いて、2つ目のステージ、すなわち意味理解ができているかどうか確認しておきましょう。

上級レベル　advanced

例文（発信編）

STEP1：テキストを見ずに2倍速音声を聴く
STEP2：テキストを見ずにノーマルスピードを聴く
STEP3：英語語順和訳を見ながら英語組み立て
STEP4：通常の和訳を見ながら英文組み立て
ゴール▶通常の和訳を見ながら英文が頭に浮かぶ

例文（受信編）

STEP1：ノーマルスピード音声を聴きながら英文黙読
STEP2：2倍速音声を聴きながら英文黙読
STEP3：テキストを見ずに、2倍速音声をリスニング
STEP4：テキストを見ずに、ノーマルスピード音声をリスニング
ゴール▶ノーマルスピードの音声を聴いて内容が理解できる

パッセージ・スキット（受信編）

STEP1：テキストを見ずに2倍速音声をリスニング
STEP2：テキストを見ずにノーマルスピード音声をリスニング
STEP3：英文黙読
STEP4：再度、テキストを見ずに2倍速音声をリスニング
ゴール▶テキストを見ずに2倍速スピードの音声を聴いて内容が理解できる

・パッセージ（発信編）＊ハイブリッドスピーキング

STEP1：英文音読
STEP2：和訳を見ながら、英文を組み立てて声に出す。
STEP3：英文音読
STEP4：和訳を見ながら、英文を組み立てて声に出す。

ゴール▶和訳を見ながら、言いよどみなく英文を発信できる

※ハイブリッドスピーキングについて

　短期間で、自分らしい英語を話せるようになるコツは、モデル英文をそのまま使うことと、独自に英文を考えることのバランスを保つことです。つまり、真似半分・オリジナル半分というバランスが重要です。

　モデル英文の暗記にすべてを頼ってしまうと、現実に話したいことが暗記したスキットから少しでも違った場合、言葉が出てこない可能性があります。一方、新しい表現を取り込まず、いつも自己流の英語ばかり話していては、表現力は一向に進歩しません。

　この2つの要素をバランスよく取り入れたのがハイブリッドスピーキングです。

　まずは、音読で、モデル英文をうっすらと自分に取り込みます。次に、和訳を見ながら、自力で英文を組み立て発信してみましょう。先ほどの音読と違い、かなり難しく感じられることでしょう。再度、同じモデル英文を音読してみます。先ほどの組み立て発信でうまく言えなかったところを中心に意識が向かうはずです。そして、もう一度、組み立て発信をしてみると、先ほどよりは、かなりモデル英文に近づいていることがわかるでしょう。

　このようなステップを繰り返すことで、本当に必要な箇所だけ

モデル英文から吸収し、それ以外の箇所は自分流の表現のままで話すこととなり、モデル英文からの取り込みと、自分流の英語とが絶妙なバランスで混合された英語が出来上がります。

　暗記を続けていても一向にしゃべれるようにならないというのは、おそらく、自分で組み立てる練習が少ないからだと思われます。ハイブリッドスピーキングで、モデル英文を取り込みながらも、自分自身で英文を組み立てる練習を重ねていくことで、自分の発信レベルを向上させていきましょう。

●本書とTOEICテストとの連動性

　本書は、いわゆるTOEICテスト対策本ではありません。しかし、TOEICテスト各パートに登場することが多い英単語や例文データを本書を使って増やしていくことは十分可能です。受信・発信に必要なボキャブラリーさえ身に付けられれば、テスト対策も実践英語も恐れるに足りません。以下に、本書の各カテゴリーがTOEICテストのどのパートに似ているのかを示しておきます。本書で英単語や例文データを十分積み上げてから、市販のTOEICテスト問題集にチャレンジしてみましょう。

本書	連動する TOEIC パート	連動ポイント
カテゴリー1	パート1	カテゴリー1の例文では、身近なものを表す単語と、それらを使って情景を描写する例文が多く登場し、TOEICテストのパート1（写真描写問題）に似ています。
カテゴリー2	パート2	カテゴリー2では、二者による短い対話で構成され、TOEICテストのパート2（応答問題）に似ています。
カテゴリー3	パート3	カテゴリー3のスキットは、少し長めの会話で構成され、TOEICテストのパート3（会話問題）に似ています。
カテゴリー4	パート7	カテゴリー4のパッセージは、さまざまな文書で構成され、TOEICテストのパート7（読解問題）に似ています。
カテゴリー4	パート4	音声をダウンロードすれば、TOEICテストのパート4（説明文問題）用のトレーニングにも使えます。
カテゴリー4	パート5 パート6	パッセージの中に登場する英単語と単語同士の組み合わせに注目することで、TOEICテストのパート5（短文穴埋め問題）やパート6（長文穴埋め問題）で登場する語彙問題をイメージできます。

リアルな発音を習得するために

　本書では、各単語の読み方として、発音記号とカタカナ表記を併記しています。英語を母国語とするネイティブスピーカーの発音を基準に発音を本格的にマスターしたい方は、発音記号とCD音声を併用することをお勧めします。一方、発音記号が読めない方やネイティブスピーカーレベルの発音を必要としない方は、カタカナ表記を参考にしてください。

　英語は、外国語の中でも、とりわけ発音には寛容だと言われています。長い時間をかけて、さまざまな国の人たちのコミュニケーションツールとして広まってきた歴史があるため、発音に寛容にならざるを得なかったのかもしれません。そのため、本書ではカタカナも発音習得のツールとして最大活用することにしました。

　とはいえ、リアルな英語からあまりにも離れた発音は相手に誤解される原因となります。以下の4つの子音だけは、しっかりと確認し、自分でも意識的に音をまねるようにしましょう。

[r] の発音

　カタカナで「ラリルレロ」と発音すると、舌が上の歯の裏についているのがわかります。一方、ra, ri, ru, re, ro のほうは、口の中で浮かせた舌を、そのままどこにもくっつけずにした状態で「ラリルレロ」と発音します。これをカタカナで表記すると、「ウァ、ウィ、ウゥ、ウェ、ウォ」に近い音になります。

[v] の発音

　下唇を噛んだ状態で、「バビブベボ」と発音します。

[th] の発音

　舌を上下の歯で噛んだ状態で、「サシスセソ」と発音します。

[f] の発音

下唇を噛んだ状態で、「ハヒフヘホ」と発音します。

❶本書のカタカナ表記（発音）について

本書では、少しでも英語のリアルな音を忠実に発音していただくため、カタカナ表記にも以下のような工夫を施しました。

単語末尾の子音は、母音を介在させないため、あえて「ト」「プ」「ク」「ド」「ム」「ル」「ブ」「フ」とは表記せず、「t」「p」「k」「d」「m」「l」「v」「f」としました。

通常のカタカナ表記と本書のカタカナ表記の違いは以下のとおりです。アクセントを置く箇所は赤くしてあります。なお、単語末尾の「t」「p」「k」「d」「m」「l」「v」「f」の発音のしかたがわからない場合は、取り急ぎ「ト」「プ」「ク」「ド」「ム」「ル」「ブ」「フ」を小さく発するか、息だけ発してみるだけでもだいぶリアルな音に近づけます。

英単語	通常のカタカナ	本書の表記
map	マップ	マッp
cut	カット	カッt
warm	ワーム	ウォーm
talk	トーク	トーk
sound	サウンド	サウンd
all	オール	オーl
cave	ケイブ	ケイv
safe	セイフ	セイf

「th」は、可能な限り発音を区分けしたほうが外国人に伝わりやすいため、そのまま表記しました。

英単語	通常のカタカナ	本書の表記
father	ファーザー	ファーthァー
think	シンク	thィンk
author	アーサー	アーthァー
mouth	マウス	マウth

語頭のrは、外国人に伝わりやすくするため、ラリルレロではなく、rァ、rィ、rゥ、rェ、rォ、と表記しました。

英単語	通常のカタカナ	本書の表記
right	ライト	rァイt
rainbow	レインボー	rェインボウ
roll	ロール	rォール
rest	レスト	rェスt

本書では、学習者の負担を軽くするため、上記以外の発音は極力、カタカナのままとしました。したがって、「b」「g」「n」「s」「z」などの子音で終わる単語も、カタカナと英語音のギャップが小さいため、そのままカタカナ表記にしました。たとえば、pendingの末尾は、本来は「グ」ではなく「g」（ンにかなり近い）と発音すべきですが、実際にはカタカナの「ペンディング」で十分通じてしまいます。それよりも、「ペ」の部分にアクセントを置くだけで、リアルな音声にかなり近づくことができます。

英単語	通常のカタカナ	本書の表記
cab	キャブ	キャブ
pending	ペンディング	ペンディング
pen	ペン	ペン
pass	パス	パス
buzz	バズ	バズ

先述のカタカナ表記ルールを踏まえて、以下の単語の発音をカタカナ表記しました。

participate	パー**ティ**スィペイt	colloquial	コ**ロ**ゥキアl
play	プ**レ**イ	pray	p**レ**イ
light	**ラ**イt	right	r**ア**イt
mouse	**マ**ウス	mouth	**マ**ウth
vote	v**ォ**ウt	boat	**ボ**ウt
fold	f**ォ**ールd	hold	**ホ**ールd
description	デス**ク**rィプション	presentation	プrェゼン**テ**ーション
management	**マ**ネジメンt	magnificent	マグ**ニ**fィセンt
expand	エクス**パ**ンd	victory	v**ィ**クトrィー

❷カタカナ表記（アクセント）について

発音がうまく再現できなくても、アクセントに注意するだけで、リアルな英語にだいぶ近づけることができます。

たとえば"Tokyo"を"トーキョー"と発すると日本人の標準的発音に、"**ト**ウキョウ"と発すると英語圏の人の発音に、それぞれ近づきます。同様に、"standard"も、"スタンダード"より"ス**タ**ンダーd"と発したほうが英語らしく聞こえます。

このように、どんな単語にも必ず一箇所強勢が置かれるのが英語の特徴です。

本書のカタカナ表記では、強く発音されるカタカナ一文字あるいはアルファベットを赤い太字で表記しました。

❸発音記号でカバーできない部分について

たとえば "not at all" は、上記のカタカナ表記に従うと "ノットアットオール" となるはずです。しかし、実際の音声は、"ナラロー" と聞こえたりします。

これは、子音で終わる単語のあとに母音で始まる単語が来ると、子音と母音がつながってしまうために生じる現象です。同様に、"I can make it."（うまくできるよ）が "アイキャンメイキィッ" と聞こえるのも、make の ke の部分と it の i の部分がつながり、文章上は存在しない "キ" という音が生まれたからだと考えられます。

本書の例文を聴いて、テキストの文字と CD の音声に大きなギャップを感じるときは、テキストを見ながら CD を聴いて、そのギャップに目と耳を馴らしていくことをお勧めします。

❹音に耳を浸らせること

一つ一つの単語を正確に発音しようとしても、一朝一夕でできるわけではありません。当面は CD を聴き流し、目や耳が文字と音声のギャップに慣れてくるのを待ちましょう。

その際、意味がわからない英文を聴き続けるのはストレスになってしまうので、事前に目を通し、意味がある程度わかった状態の英文箇所で CD を聴いてみるとよいでしょう。

❺どの程度、発音にこだわるべきか？

英文の量が増えたり、英文が長文化したりしていくと、私たちの意識は、発音から情報そのものへ移動していきます。つまり、

英語を聞いてわからないときは、発音だけではなく、英文の構造理解、語彙力など、発音以外の要因も考えてみる必要があるということです。

　CDに収録された一語一語の単語の発音は、あくまでも参考程度に聴くに留め、例文全体の意味の理解や、英文の構造の理解を確認することに意識を向けましょう。

●付属CD（2枚組）及びダウンロードコンテンツについて

本書付属CD（2枚組）には、以下の本文音声が収録されています。

category 1
ノーマルスピード：見出し語・例文・パッセージ
2倍速：　　　　　パッセージ

category 2
ノーマルスピード：見出し語・例文

category 3
ノーマルスピード：見出し語・例文・スキット
2倍速：　　　　　スキット

category 4
ノーマルスピード：見出し語・例文

まずはノーマルスピードで英語の音に耳を馴らし、物足りなくなってきたら２倍速音声を聴き、早口の英語にも対応できる耳を作っていきましょう。とりわけ、情報量が多い会話や発言では、聴く側にも相応のスピード処理力が求められます。こうしたことから、情報量の多いカテゴリー１のパッセージとカテゴリー３のスキットには２倍速音声を用意しました。

　リスニングトレーニングを通して語彙力を鍛えていくことを提案しているカテゴリー１・２・３に対し、カテゴリー４は、読解力を鍛える中でボキャブラリーを増やしていくことを提案しています。そのため、パッセージの音声は入れてありません。カテゴリー４のパッセージの音声を聞いてみたい方は、以下の総合法令出版のホームページにアクセスしてみてください。ノーマルスピードと２倍速の音声をダウンロードできます（計54トラック／60分／MP3形式）。

http://www.horei.com/eigo/download/1nichi5fun.zip

　本書のカテゴリー１から４までの各音声データが、CDあるいはダウンロードファイルのどれに収録されているかは、各項目のタイトル横に記載されている下記のマークを参照してください。

登場人物からのメッセージ

吉屋 太郎からのメッセージ
よしや たろう

駆け出しビジネスパーソンです。英文ブログに寄せられるコメントからわかったのは、ブログ読者って、僕の英語よりも、書いてある内容にしか興味を持っていないということでした。みなさんも、細かなことはあまり気にせず、どんどん英語を使ってみてくださいね！

先 育代からのメッセージ
さき いくよ

会社では、太郎君の指導役をしています。アメリカに留学していました。カテゴリー4のパッセージは、"自称"英語上級者の私でも知らない単語が登場しています。上級者のみなさんも、ぜひ本書で英語に磨きをかけてくださいね！

デイビッドからのメッセージ

僕らネイティブスピーカーは、みなさんの英語以上に、話す内容のほうに関心があります。カテゴリー3のスキットにはさまざまな話題を盛り込んでいますので、会話上手を目指す方にはお勧めですよ。

英語学習は孤独との戦いという一面があります。英語学習に行き詰まったとき、本書の登場キャラクターがきっとみなさんを励ましてくれることでしょう。

マーサからのメッセージ

太郎の上司です。何でも物怖じせず英語で発信する彼のバイタリティには頭が下がります。彼は、本書のカタカナ表記で発音を練習したらしいけど、私たちネイティブスピーカーに十分伝わるすばらしい発音に仕上がっています。発音記号になじみがない方は、カタカナ表記に沿って声に出してみてくださいね。

パムからのメッセージ

育代が以前勤めていた会社で経理を担当しています。パーティで太郎とお話できてうれしかったです。日本人が外国人との雑談を苦手とするのは私も知っています。カテゴリー3のスキットをうまく活用してくださいね。

エイミーからのメッセージ

私はハコザキ・フィリップファーマの社員です。吉屋さんとの電話のやり取りで登場させていただいています。電話って、顔が見えない分、苦手意識が強い方も多いと思います。私と吉屋さんのやり取りを参考にしてもらえるとうれしいです。

Category 1

Introduction

カテゴリー1
身近なものを英単語化し、「ボキャ脳」を目覚めさせる

　カテゴリー1では、オフィスや学校など、身近なところから英単語を増やしていくことを提案しています。本書で、一通り見出し語と例文を確認した後で、ご自身の身の回りにあるものを英語で言ってみましょう。

　書斎であれば、"机→ **desk**"、"椅子→ **chair**"，"カーテン→ **curtain**" という物質からはじめ、次は、"散らかっている→ **messy**"、"整然とした→ **well-ordered**"、"狭い→ **small**" というように、様相を表す単語に進んでみましょう。

　英単語がすぐに思い浮かばないときには、電子辞書の和英機能で調べていきましょう。**Yahoo!** や **Google** などのサーチエンジンに、"(調べたい日本語)　英語" と入力してみてもいいでしょう。たとえば、"電気スタンド　英語" と入力してみると、"**desk lamp**" や "**reading lamp**" などの表現がヒットします。

☑ CHECK!

1回目	2回目	3回目	4回目	5回目

Fight!　　　　　　　　　　　　　　Excellent!

Target words & sentences No.1

行為を表す動詞

1-1 ノーマル

1. **participate** [pɑːrtiˈsəpèit] パーティスィペイt
   He participated in the company picnic last week.

2. **protect** [prəteˈkt] プロテクt
   It is the parents' responsibility to protect their children against danger.

3. **offer** [ɔ́ːfər] オファー
   The policeman offered to help the old lady.

4. **plant** [plǽnt] プランt
   Japanese children often plant cherry trees in the school yard.

5. **grow** [gróu] グロウ
   I cannot believe how fast the children are growing.

6. **agree** [əgríː] アグリー
   I agree with Bob's opinion.

7. **spend time** [spénd táim] スペンd タイm
   Many people spend time surfing the Net after they get home.

8. **discuss** [diskʌ́s] ディスカス
   The district committee discussed recycling rules.

9. **contribute** [kəntríbjuːt] コンtリビューt
   Let's contribute to the emergency fund.

10. **start** [stɑ́ːrt] スターt
    Soccer games start with a whistle.

和訳

check! 1. ☐ 2. ☐ 3. ☐ 4. ☐ 5. ☐

1 **参加する** 動
彼は会社のピクニックに先週参加しました。
彼は・参加した・その会社のピクニックに・先週

2 **守る** 動
子供たちを危険から守るのは、両親の責任です。
それは・=・その両親の責任・守ること・子供たちを・危険から

3 **提供する** 動
警察官は年配の女性に助けを申し出ました。
警察官・提供した・助けを・その年配の女性に

4 **植える** 動
日本の子供たちは、校庭に桜の木を植えることがしばしばあります。
日本の子供たちは・しばしば・植える・桜の木を・校庭に

5 **育てる** 動
信じられないくらい早く、子供は成長していきます。
私は・信じられない・どれくらい早く・その子供たちが・成長しているか

6 **同意する** 動
ボブの意見に賛成です。
私は・同意する・ボブの意見に

7 **時間を費やす** 動
多くの人は帰宅すると、ネットサーフィンに時間を使います。
多くの人は・時間を使う・サーフする・そのネット・後で・彼らが家に帰る

8 **討議する** 動
地区委員会はリサイクル規則について討議しました。
地区委員会は・討議した・リサイクル規則を

9 **貢献する** 動
緊急資金に貢献しましょう。
貢献しよう・その緊急資金に

10 **開始する** 動
ホイッスルでサッカーゲームは始まります。
サッカーゲームは・始まる・ホイッスルで

Target words & sentences No.1

11 donate [do'uneit] ドウネイt
Mr. Sato donated all his lottery winnings.

12 collect [kəle'kt] コレクt
The postman collected mail from the mailbox.

13 deliver [dili'vər] ディリィvァー
You need to deliver this to Mr. Tanaka.

14 handle [hæ'ndl] ハンドl
I can handle the Goldbine account.

15 allow [əla'u] アラウ
Finishing the project allowed me to take a vacation.

16 come up with [kʌ'm ʌ'p wi'ð] カムアップウィth
Edison came up with many innovative ideas.

17 get down on one's knees [ge't da'un ɔnwʌ'nz ni'ːz] ゲt ダウノンワンズニーズ
Please get down on your knees when you pray.

18 mention [me'nʃən] メンション
The newspaper mentioned yesterday's highway accident.

19 accept [əkse'pt] アクセプt
A co-worker was accepted into Harvard Business School.

20 demonstrate [de'mənstre`it] デモンスt rェイt
We will demonstrate our new product to the clients next month.

| 和訳 | check! 1.□ 2.□ 3.□ 4.□ 5.□ |

11 寄付する 動
佐藤さんは宝くじの賞金を全額寄付しました
佐藤さんは・寄付した・すべて彼の・宝くじ賞金を

12 集める 動
郵便配達員が郵便ポストから手紙を集めました。
その郵便配達員は・集めた・手紙を・その郵便ポストから

13 配達する 動
これを田中さんに届ける必要があります。
あなたは・必要だ・配達することが・これを・田中さんへ

14 運営する・担当する 動
ゴールドバイン社の取引は私にできます。
私は・担当できる・そのゴールドバイン社の取引を

15 ～をできるようにする 動
プロジェクトが完了したので、休暇をとることができました。
完了することが・プロジェクトを・可能にした・私が・休暇をとることを

16 思いつく 動
エジソンは多くの革新的なアイディアを思いつきました。
エジソンは・思いついた・多くの・革新的アイディアを

17 ひざまずく 動
祈るときはひざまずいてください。
お願い・ひざまずく・時・あなた・祈る

18 言及する 動
昨日の高速道路事故が新聞に載っていました。
新聞は・言及した・昨日の高速道路事故を

19 受け入れる 動
同僚がハーバードビジネススクールに合格しました。
同僚は・受け入れられた・ハーバードビジネススクールに

20 明確に示す 動
顧客に新しい製品を来月見せます。
私たちは・明確に示すだろう・私たちの新しい製品を・顧客へ・来月

Passage 1

From Taro's Blog Entry 1

I want to talk about our company's environmental project as my first English blog entry.

My company has participated in many activities to protect the environment. This year we will offer support to the non-profit organization "Plant Trees for World Peace." We will help their effort in planting and growing more trees. I agree with the organization that protecting the environment is a responsibility for everyone in the world.

My co-workers and I will spend time discussing this company project. We will think about how we can contribute to it. To start the project, the Sales Division will donate 100 trees. We will handle the initial stage of the project. We will collect the trees at the supplier and deliver them to the participating local schools. This will allow the rest of the staff to have more time to come up with more ideas. I hope I will also have an opportunity to get down on my knees and plant a tree myself.

My company president mentioned before that we need to accept our role as an active member of the local community. I think this project not only demonstrates our commitment to environmental protection but also to the community.

和訳　check! 1.☐ 2.☐ 3.☐ 4.☐ 5.☐

太郎のブログから1

僕の英語の初めての英語ブログとして、会社の環境プロジェクトについてお話したいと思います。

僕の会社は、さまざまな環境保護活動に参加してきました。今年は、非営利団体である「世界平和に向けて木を植えよう」を支援します。僕たちは、木を植えて育てるという取り組みを手伝います。僕は、環境保護は世界中の人の責任である、という団体の考えに賛同します。

同僚たちと僕は、この会社プロジェクトについて、話し合いの時間を持ちます。どのように、僕たちが貢献できるかを考えます。このプロジェクトをはじめるにあたり、営業部が木を100本寄付します。僕たちはプロジェクトの第1段階を担当します。つまり、その木を問屋から受け取って、参加している学校へ届けることになります。これにより、他のスタッフは、もっと他のアイディアを思いつく時間が持てます。また、僕もひざをついて、自分自身で木を植える機会が持てることを、期待しています。

会社の社長が以前、私たちは地域社会の活発な一員としての役割を受け入れる必要があると話してくれました。このプロジェクトは、環境保護だけでなく、社会への私たちのコミットメントを明確に示すものだと、僕は思います。

Target words & sentences No.2

動詞＋前置詞・副詞で表現を増やそう！

1-5 ノーマル

21 work on [wəˈːrk ɔn] ワーk アン
He worked on the company project last weekend.

22 kick off [kiˈk ɔf] キッk オf
The Giants kicked off their spring training camp at Miyazaki.

23 wake up [weˈikˈʌp] ウェイk アp
I woke up at 5 a.m. this morning.

24 set up [seˈt ʌˈp] セッt ッp
The secretary set up the room for the meeting.

25 look over [luˈk oˈuvər] ルッコゥvアー
Look over the manual carefully.

26 pick up [piˈk ʌp] ピッカッp
Taro picked up his laundry on the way home.

27 drop off [drɑˈp ɔf] ドゥrオッpオf
Her father dropped off her stuff at school.

28 fill out [fiˈl aˈut] fィlアウt
There are many documents to fill out.

29 check out [tʃeˈk aˈut] チェッカウt
The repairman checked out the fax machine.

30 find out [faˈind aˈut] fァインダウt
He found out the train tickets cost a lot of money.

| 和訳 | check! 1.□ 2.□ 3.□ 4.□ 5.□ |

21 取り組む 動
彼は会社のプロジェクトに、先週末取り組みました。
彼は・取り組んだ・会社のプロジェクトに・先週末

22 開始する 動
ジャイアンツは宮崎で、春のキャンプを開始しました。
ジャイアンツは・開始した・彼らの春のトレーニングキャンプを・宮崎で

23 起きる 動
今朝5時に起きました。
私は・起きた・午前5時に・今朝

24 手配する 動
秘書は会議のために部屋を手配しました。
その秘書は・手配した・部屋を・会議のために

25 目を通す 動
じっくりマニュアルに目を通してください。
目を通す・そのマニュアルを・注意して

26 （預けていたものなどを）引き取る 動
太郎は帰宅途中で洗濯物を引き取りました。
太郎は・引き取った・彼の洗濯物を・帰宅途中で

27 降ろす 動
彼女の父親が、荷物を学校に持ってきてくれました。
彼女の父親が・降ろした・彼女の物を・学校で

28 記入する 動
記入しなくてはならない書類が、たくさんあります。
There are・たくさんの書類・記入するための

29 点検する 動
修理工はファックスを点検しました。
その修理工は・点検した・そのファックス機を

30 知る 動
彼は、電車の切符がとてもお金がかかるのを知りました。
彼は・知った・その電車の切符が・かかるのを・たくさんのお金が

Target words & sentences No.2

1-6 ノーマル

31. look forward to [lu'k fɔ':rwərd tə] ルッk fォーワァトゥ
I am looking forward to seeing you soon.

32. clear out [kli'ər a'ut] クリィrアウt
The workmen cleared out the room.

33. take part in [te'ik pɑ':rt in] テイk パーtィン
My son took part in the school play.

34. run out [rʌ'n a'ut] rアンアウt
The office ran out of paper.

35. make a stop [me'ik ə stɑ'p] メイk アスタッp
I make a brief stop at the convenience store to buy breakfast on the way to work everyday.

36. run into [rʌ'n i'ntə] rアンインtゥ
Ikuyo ran into Mary at the department store.

37. back someone up [bæ'k sʌ'mwʌn ʌ'p] バッk サムワナッp
My mother always backs me up.

38. show off [ʃo'u ɔ:f] ショウオf
You can show off your new dress at the party.

39. give up [gi'v ʌp] ギvアッp
Don't give up too easily.

40. keep on [ki':p ɔn] キーポン
It's important to keep on trying.

| 和訳 | check! 1.☐ 2.☐ 3.☐ 4.☐ 5.☐ |

31. 楽しみにする 動
近くお目にかかれるのを楽しみにしています。
私は・楽しみにしている・会うのを・あなたに・すぐに

32. 片付ける・整理する 動
作業員は部屋を片付けました。
その作業員は・片付けた・部屋を

33. 参加する 動
息子は学校の劇に参加しました。
私の息子は・参加した・その学校の劇の中に

34. 使い果たす 動
オフィスで紙切れになりました。
そのオフィスは・使い果たした・紙を

35. 寄る 動
朝ごはんを買うため、毎日会社に行く途中でコンビニに寄ります。
私は・寄る・そのコンビニに・朝ごはんを買うために・仕事に行く途中・毎日

36. 偶然〜に出会う 動
育代はそのデパートで、メアリーとばったり出会いました。
育代は・ばったり出会った・メアリーと・そのデパートで

37. 支援する 動
母はいつも支えてくれました。
私の母は・いつも・私を支援してくれた

38. みせびらかす 動
新しいドレスは、そのパーティーで見せびらかすことができます。
あなたは・見せびらかすことができる・あなたの新しいドレスを・そのパーティーで

39. あきらめる 動
そんなに簡単にあきらめないでください。
Don't・あきらめる・そんな簡単に

40. 〜し続ける 動
挑戦し続けることが重要です。
それは・=・重要な・続けて挑戦すること

Target words & sentences No.2

Passage 2

From Taro's Blog Entry 2

I started a blog because Ikuyo-san suggested I should do that to work on my English. I thought it would be a good exercise for me to talk about work. So I will talk about how my co-workers and I kicked off our company's environmental protection project.

Today, I had to wake up very early so that I could go to the office and set everything up for delivering trees. After we looked over today's schedule, my co-workers and I went to pick up the trees from a tree farm and drop them off at the local schools. We had to fill out many forms at the farm in order to pick the trees up. We also checked out other companies' tree project displays at the farm's reception area.

When we got to the school, we found out that many of the students were looking forward to planting the trees. Some had already cleared out a section of the schoolyard for the trees. I was very glad to take part in the project.

On the way back, we almost ran out of gas, so we made a stop at a gas station. There we ran into Mrs. Smith, who had backed us up on the project with the schools. She showed off her new car to us. It was a very cool car.

I will not give up and will try to keep on writing this blog in English from now on!

和訳　check! 1.☐ 2.☐ 3.☐ 4.☐ 5.☐

太郎のブログから2

育代さんから勧められて、英語の取り組みのために、ブログを開始しました。仕事のことについて話すのが、自分にとってよい訓練になると考えました。ですので、同僚と僕がどうやって、会社の環境保護プロジェクトを開始したかについて、話します。

今日は、事務所に行って、木を配達する手配をするために、朝とても早く起きなくてはなりませんでした。今日のスケジュールを調べたあと、僕と同僚たちは、樹木農園から木を受け取って、地元の学校へ届けに出かけました。木を受け取るためには、樹木農園で多くの書類に記入しなくてはなりませんでした。農園の入り口付近で展示されていた、他社の木のプロジェクトを確認しました。

学校に到着すると、多くの生徒が木を植えることを楽しみにしていることを知りました。木のために、校庭の一部を既に整理しているところもありました。僕はこのプロジェクトに参加することができて、とてもうれしかったです。

帰る途中でガス欠になりそうだったので、ガソリンスタンドへ立ち寄りました。そこで、学校とのプロジェクトで僕たちを支援してくれた、スミスさんと偶然出会いました。彼女の新しい車を自慢されました。とってもかっこいい車でした。

これからもあきらめず、このブログを英語で書き続けます。

Target words & sentences No.3
道案内をしてみましょう！

1-9 ノーマル

41 get to [ge't tə] ゲットゥ
I need to get to Tokyo station quickly.

42 direction [dəre'kʃən] ディrェクション
A stranger asked for directions.

43 subway station [sʌ'bwe`i ste'iʃən] サブウェイステイション
I ran into my co-worker at the subway station.

44 get off at [ge't əf ət] ゲットァファt
Please get off at the last station.

45 the__th (station/stop) [ðə ste'iʃən/stɑ'p] thァステイション/スタップ
You need to get off the bus at the 4th stop, Hikarigaoka, to get to the hospital.

46 get out from [ge't a'ut frəm] ゲッタゥtフらム
When you get out from the building, you will see a flower shop.

47 exit [e'gzit] エグジッt
Make sure and check where the exits are.

48 turn (right/left) [tə'ːrn ra'it/left] ターンrァィt/レフt
The driver turned left at the corner.

49 go down [go'u da'un] ゴゥダウン
I went down the street to the coffee shop.

50 block [blɑ'k] ブロック
The bookstore is two blocks from the office.

| 和 訳 | check! 1. ☐ 2. ☐ 3. ☐ 4. ☐ 5. ☐ |

41 到着する 動
東京駅に早く着かなくてはなりません。
私は・必要とする・到着することを・東京駅に・素早く

42 道順 名
見知らぬ人が、道順を尋ねました。
見知らぬ人が・尋ねた・道順を

43 地下鉄の駅 名
同僚と地下鉄の駅で、ばったり出会いました。
私は・偶然出会った・同僚と・その地下鉄の駅で

44 ～で降りる 動
最後の駅で降りてください。
お願い・降りる・その最後の駅で

45 ～個目の（駅・停留所） 名
病院に行くには、4つ目の停留所の光が丘でバスを降りる必要があります。
あなたは・必要とする・降りることを・そのバスを・その4つ目の停留所で・光が丘で・着くためには・その病院に

46 ～から出てくる 動
ビルから出ると、花屋が見えます。
時・あなたが・出る・そのビルから・あなたは・花屋を見るだろう

47 出口 名
どこに出口があるか、必ず確認してください。
確実にする・そして・確認する・どこに・その出口が・あるか

48 （右・左へ）曲がる 動
運転手はその角で左に曲がりました。
運転手は・左に曲がった・その角で

49 （道などを）進む 動
そのコーヒーショップまで、私は通りを歩きました。
私は・進んだ・その通りを・そのコーヒーショップまで

50 （都市の）一区画・街区 名
その本屋は事務所から2ブロック先です。
その本屋は・＝・2ブロック先・その事務所から

Target words & sentences No.3

51. traffic light [træˈfik laˈit] トゥ r ァ フィッ k ライ t
All the traffic lights seem to have turned red along this street.

52. go straight [goˈu streˈit] ゴゥス t r ェイ t
Go straight down this hall to Mr. Pierson's office.

53. intersection [iˋntərseˈkʃən] インターセクション
That downtown intersection is always crowded.

54. stay on [steˈi ɔn] ステイオン
Please stay on Meiji Street to get to Harajuku.

55. narrow [næˈrou] ナ r ォウ
This narrow path is a shortcut to the office building.

56. on your (right/left) [ən juˈər raˈit/left] オニュア r ァイ t/ レフ t
There is an escalator on your right.

57. next to [neˈkst tə] ネクス t ゥ
I stood next to the statue to have my picture taken.

58. on the corner [ən ðə kɔˈ:rnər] オン th ァコーナー
My mother loves that bakery on the corner.

59. on the __ floor [ən ðə flɔˈ:r] オン th ァ f ロァー
Our offices are on the top floor of ABC building.

60. follow the directions [fɑˈlou ðə dəreˈkʃənz] f ァロー t h ァディ r ェクションズ
Follow the directions on the label when taking this medication.

和訳

check! 1. ☐ 2. ☐ 3. ☐ 4. ☐ 5. ☐

51
信号 名
この通りでは全信号が赤に変わったようです。
すべての信号が・ようだ・変わったこと・赤に・この通りでは

52
まっすぐに進む 動
ピアソンさんのオフィスへは、廊下をまっすぐに行ってください。
まっすぐに行く・この廊下を・ピアソンさんのオフィスへ

53
交差点 名
中心街の交差点はいつも混んでいます。
あの中心街の交差点は・=・いつも・混んでいる

54
〈今のままの状態を〉続ける 動
原宿へ行くには、明治通りをそのまま進んでください。
お願い・続けて明治通りにいて・到着するには・原宿へ

55
細い 形
この細い路地は、事務所のあるビルへの近道です。
この細い路地は・=・近道・その事務所のビルへの

56
〜（右・左）に 副
右にエスカレーターがあります。
There is・エスカレーター・あなたの右に

57
〜の隣に 副
写真を撮ってもらうために、像の隣に立ちました。
私は・立った・隣に・その像の・写真を取ってもらうために

58
角に（の） 副
母は角のパン屋が大好きです。
私の母は・大好きだ・あのパン屋・その角の

59
〜階（にある） 副
私たちの事務所はABCビルの最上階にあります。
私たちのオフィスは・=・最上階・ABCビルの

60
指示に従う 句
この薬を飲む時は、ラベルの指示に従ってください。
従う・その指示に・そのラベルの上の・時・飲む・この薬を

Passage 3

A Memo From Taro to Robert

To: Robert-san
Re: How to get to Marina Restaurant

The restaurant is in Akasaka-mitsuke. Please ask the concierge at your hotel for directions to the Ginza subway station. From there, please take the Ginza subway line to Shibuya and get off at Akasaka-mitsuke. It should be the 5th stop. At the Akasaka-mitsuke station, please get out from exit 5.

Once you get out of the exit, please turn right and go down the street for two blocks. Please turn left at the traffic light. After that, go straight down the street until you get to an intersection. When you get to the intersection turn left again. Then, stay on that narrow street for about 50 meters.

The restaurant is in the building on your left, next to the big bakery on the corner. It is on the 5th floor. Please take the elevator.

Please follow the directions using the map below!

和訳

check! 1. ☐ 2. ☐ 3. ☐ 4. ☐ 5. ☐

太郎からロバートさんへのメモ

あて先：ロバートさん
件名：マリーナレストランへの行き方

レストランは、赤坂見附にあります。ホテルのコンシェルジュに、地下鉄銀座駅までの道順を聞いてください。そこからは、渋谷行きの銀座線に乗って、赤坂見附で降りてください。5つ目の駅のはずです。赤坂見附の駅では、5番出口から出てください。

出口を出たら、右に曲がって道を2ブロック進んでください。信号で左に曲がってください。その後は、交差点にぶつかるまでまっすぐ道を進んでください。交差点についたら、また左に曲がってください。そうしたら、その細い道を約50メートルほど進んでください。

レストランは、角にある大きなパン屋の隣で、左手ビルの中にあります。5階にあります。エレベーターを使ってください。

以下の地図を使って上記指示に従ってください。

Target words & sentences No.4

仕事場にあるもの

1-13 ノーマル

61 workplace [wə́ːrkpleis] ワーkプレイs
Parents may show their workplace to their children while on a company picnic.

62 company headquarters [kʌ́mpəni hedkwɔ̀ːrtərz] カンパニィヘッdクォーターズ
I have never worked in the company headquarters.

63 cubicle [kjúːbikl] キュービkl
Some people decorate their office cubicles with pictures.

64 file cabinet [fáil kǽbənit] fァイl キャビネッt
We need more file cabinets for those extra files.

65 desk drawer [désk drɔ́ːr] デskドrォーア
My desk drawer doesn't have a key.

66 sales representative [séilz rèprizéntətiv] セイルズrィプリゼンタティv
Because I am a sales representative, I'm rarely in the office.

67 laptop [lǽptɑp] ラッpタッp
Many people use laptops or tablets to connect to the Internet in cafes.

68 administrative staff [ədmínəstrèitiv stǽf] アドミニストrァティvスタッf
We need to hire more administrative staff.

69 desktop [désktɑp] デskタッp
The company is installing the latest operating system on all the desktops in the office.

70 fax machine [fǽks məʃíːn] fァックsマシーン
The fax machine ran out of paper.

和訳

check! 1. □ 2. □ 3. □ 4. □ 5. □

61 仕事場 名
会社のピクニックでは、親は仕事場を子供に見せることができます。
親は・見せることができる・彼らの仕事場を・彼らの子供に・会社ピクニックで

62 本社 名
本社で働いたことはありません。
私は・一度も働いたことがない・本社の中では

63 机スペース（パーティションで区切った作業スペース） 名
事務所の机スペースを写真などで飾る人がいます。
複数の人は・飾る・彼らの事務所の机スペースを・写真で

64 書類棚 名
余分なファイル用に、もっと書類棚が必要です。
私たちは・必要とする・さらに書類棚を・余分なファイルのために

65 机の引き出し 名
私の机の引き出しには、鍵がありません。
私の机の引き出しは・持っていない・鍵を

66 営業 名
営業なので、ほとんど事務所にはいません。
なので・私は・＝・営業、私は・ほとんどいない・その事務所に

67 ノートパソコン 名
多くの人は、ノートパソコンやタブレットを使って、喫茶店でインターネットに接続します。
多くの人は・使う・ノートパソコンやタブレットを・接続するために・インターネットと・喫茶店で

68 事務（管理）職員 名
もっと事務のスタッフを雇う必要があります。
私たちは・必要とする・雇うことを・さらに事務のスタッフを

69 デスクトップコンピュータ 名
会社では事務所内のすべてのデスクトップに、最新の OS をインストールしています。
会社は・インストールしている・最新のOSを・すべてのデスクトップに・その事務所内の

70 ファックス 名
ファックスの紙が切れました。
そのファックスは・切らした・紙を

Target words & sentences No.4

stationery [ste'iʃne`ri] ステイショナりィー
71. You can buy stationery at the bookstore on the third floor.

stapler [stei'plə] ステイプラ
72. Taro borrowed a stapler from Ikuyo.

storage [stɔ':ridʒ] ストーrィッジ
73. The storage area is filled with boxes.

person in charge [pə':rsn in tʃɑ':rdʒ] パーソンインチャージ
74. The person in charge of the project is Mr. Pierson, head of the Sales Division.

take inventory [te'ik i'nvəntɔ̀:ri] テイクインvェントrィ
75. You need to take inventory of the last shipment.

break room [bre'ik ru':m] ブрェイクрゥーm
76. The break room was redecorated over the weekend.

vending machine [ven'diŋ məʃi':n] vェンディンマシーン
77. Japan has vending machines for everything.

company cafeteria [kʌ'mpəni kæfəti'əriə] カンパニーカfェティрィア
78. The company cafeteria is well-known for its great food and stunning view.

conference room [kɑ'nfərəns ru':m] カンfァrェンス rゥーm
79. The chairs in the conference room are very comfortable.

reception [rise'pʃən] rィセプション
80. The clients are waiting in the reception area.

和訳

check! 1. ☐ 2. ☐ 3. ☐ 4. ☐ 5. ☐

71 文房具 名
3階の本屋で、文房具を買うことができます。
あなたは・買うことができる・文房具を・その本屋で・3階の

72 ホッチキス（ステープラー） 名
太郎は、育代からホッチキスを借りました。
太郎は・借りた・ホッチキスを・育代から

73 倉庫 名
倉庫エリアは、箱でいっぱいです。
その倉庫エリアは・いっぱいだ・箱で

74 担当者 名
営業部トップのピアソンさんが、プロジェクトの担当者です。
その担当者は・プロジェクトの・＝・ピアソンさん・トップ・営業部の

75 在庫確認をする 動
あなたは、最後の貨物の確認をする必要があります。
あなたは・必要とする・在庫確認をすることを・最後の貨物の

76 休憩室 名
週末にかけて休憩室は、模様替えされました。
その休憩室は・模様替えされた・週末にかけて

77 自動販売機 名
日本にはすべての物の自動販売機があります。
日本は・持っている・自動販売機を・すべての物のための

78 社員食堂 名
社員食堂は、おいしい食事と眺めのよさでよく知られています。
その社員食堂は・＝・よく知られている・おいしい食事と眺めのよさで

79 会議室 名
会議室の椅子は、とても座り心地が良いです。
その椅子は・会議室内の・＝・とても心地がいい

80 受付 名
お客様は、受付エリアで待っています。
そのお客様たちは・待っている・その受付エリアの中で

Passage 4

From Taro's Blog Entry 3

Today I would like to talk about my workplace.

I work in the company headquarters in Tokyo. Our company is in a 40-story building. I work in the Sales Division and my office is on the 24th floor of the company building.

There are about 30 staff who work in the Sales Division. We are in a huge office space and each staff member has his own cubicle. In each cubicle, we have a desk, a file cabinet and a desk drawer. Sales representatives who work outside mostly have laptops, while the office administrative staff have desktops.

We also have two fax machines and five printers in the middle of the office. Office stationery items such as pens, notepads, staplers, paper clips and others are kept in the storage space. The person in charge of the office stationery takes inventory every month.

We also have a small break room with a vending machine. Many people prefer the company cafeteria on the top floor, because of its wonderful view.

For meetings we use the conference rooms located on the tenth floor. If we need to talk to people for a short while, we can use the lounge area on the first floor next to the reception area.

和 訳　　check! 1.□ 2.□ 3.□ 4.□ 5.□

太郎のブログから3

今日は僕の職場についてお話しします。

僕は東京の本社に勤めています。会社は40階建てのビルです。僕は営業部で働いていて、会社のビルの24階にオフィスがあります。

営業部では約30名ほどのスタッフが働いています。私たちは、大きな事務スペースの中にいて、各スタッフがパーティションで仕切られた机スペースを持っています。それぞれのスペースには、机、書類棚と引き出しがあります。外で働く営業のほとんどは、ノートパソコンを持っていて、オフィスの事務スタッフは、デスクトップを持っています。

オフィスの真ん中には、2つのファックスと5つのプリンタがあります。ペン、メモ用紙、ホッチキス、紙クリップなどのオフィスの文房具は、収納スペースに保管されています。オフィス文房具の担当者が、毎月在庫確認をしています。

自動販売機がおいてある、小さな休憩室もあります。眺めがよいため、多くの人は、会社の食堂の方をひいきにしています。

会議には、10階にある会議室を使用します。ほんの短い間、話す必要があるときは、1階の受付隣のラウンジエリアを使用することができます。

Target words & sentences No.5

自分の町を説明してみる

1-17 ノーマル

81 **hometown** [ho'um ta'un] ホウmタウン
His hometown is very close to mine.

82 **famous for** [fe'iməs fɔː] フェイマスフォー
Greg's hometown is famous for its museums.

83 **bay area** [be'i e'əriə] ベイエriア
The bay area is crowded with tourists.

84 **tourist attraction** [tu'ərist ətræ'kʃən] トゥアrィストアトrァクション
The administration decided to build a stadium as a tourist attraction.

85 **suburb** [sʌ'bəːrb] サバーb
Many people live in the suburbs and work in the city.

86 **commuter town** [kəmjuː'tər ta'un] コミューターターウン
There are many commuter towns around Tokyo.

87 **rural** [ruˈərəl] rゥrァl
The company's plant is located in a rural area.

88 **urban** [əː'rbn] アーバン
He lives in an urban area right outside of the city.

89 **department store** [dipɑː'rtmənt stɔː'ːr] ディパートゥメンtストーァ
This department store has a food court.

90 **station building** [ste'iʃən bi'ldiŋ] ステイションビルディング
The station building was renovated this spring.

| 和訳 | check! 1.□ 2.□ 3.□ 4.□ 5.□ |

81 地元（故郷・今現在住んでいるところ） 名
彼の地元は、私の地元にとても近いです。
彼の地元は・＝・とても近い・私のものに

82 ～で有名 形
グレッグの地元は、その美術館で有名です。
グレッグの地元は・＝・有名・その美術館で

83 湾岸エリア 名
湾岸エリアは、旅行者で混んでいます。
その湾岸エリアは・＝・混んでいる・旅行者で

84 観光名所 名
観光名所として、スタジアムを建設することを、行政は決定しました。
その行政は・決定した・建設することを・スタジアムを・観光名所として

85 郊外 名
多くの人は郊外に住み、都市部で働いています。
多くの人は・住む・その郊外で・そして・働く・都市部で

86 ベッドタウン 名
東京周辺には多くのベッドタウンがあります。
There are・多くのベッドタウン・東京の・周辺に

87 田舎の 形
会社の工場は、田舎にあります。
その会社の工場は・位置されている・田舎の地域に

88 都会の 形
彼は都心周辺の都会的な場所に住んでいます。
彼は・住んでいる・都会的な場所に・すぐ周辺部・都心の

89 デパート 名
デパートには、食堂街があります。
そのデパートは・持っている・食堂街を

90 駅ビル 名
駅ビルは、この春に改装されました。
その駅ビルは・改装された・この春に

Target words & sentences No.5

91. grocery store [grou'səri stɔː'r] グ**r**ォウサ**r**ィーストーア
I love old-fashioned grocery stores.

92. produce [prou'djuːs] プ**r**ォデュース
It is hard to buy fresh produce these days.

93. pharmacy [fɑː'rməsi] ファーマスィー
The pharmacy has a good selection of cold medicine.

94. parking lot [pɑː'rkiŋ lɑ't] パーキングラッ**t**
We need a bigger parking lot for the main office.

95. bakery [bei'kəri] ベイカ**r**ィ
There is a wonderful bakery in my town.

96. confectionery store
[kənfe'kʃənəri stɔː'r] カン**フェ**クショナ**r**ィス**t**ァ
The confectionery store is well-known in the area.

97. public bath [pʌ'blik bæ'θ] パブリックバァ**th**
A lot of deluxe public baths have opened recently.

98. nearby [ni'ərbɑ'i] ニァバイ
The clients are staying at a hotel nearby.

99. gym [dʒi'm] ジ**m**
There is a basketball game at the gym this Saturday.

100. library [lɑi'breˋri] ライブ**r**ェ**r**ィー
The library closes early compared to the other facilities in the area.

和訳

check! 1.☐ 2.☐ 3.☐ 4.☐ 5.☐

91 **食料品店** 名
昔ながらの食料品店が、大好きです。
私は・非常に好む・昔ながらの食料品店を

92 **生鮮食料品** 名
最近、新鮮な生産食料品を買うのは大変です。
それは・＝・大変だ・買うことは・新鮮な生鮮食料品を・最近

93 **薬局** 名
薬局には風邪薬が種類豊富にそろっています。
その薬局は・持っている・豊富な種類を・風邪薬の

94 **駐車場** 名
本社オフィスのために、もっと大きい駐車場が必要です。
私たちは・必要とする・もっと大きい駐車場を・本社オフィスのために

95 **パン屋** 名
すばらしいパン屋が、私の町にあります。
There is・すばらしいパン屋・私の町に

96 **お菓子屋** 名
この付近では、そのお菓子屋さんはよく知られています。
そのお菓子屋は・＝・よく知られている・そのエリアで

97 **公衆浴場（銭湯）** 名
最近、多くのスーパー銭湯が開設した。
多くのスーパー銭湯は・開設した・最近

98 **すぐ近くの** 形
お客様はすぐ近くのホテルに宿泊しています。
そのお客様たちは・宿泊している・ホテルに・すぐ近くの

99 **スポーツクラブ** 名
今週土曜日に、そのスポーツクラブでバスケットボールの試合があります。
There is・バスケットボールの試合・そのスポーツクラブで・今週土曜日

100 **図書館** 名
図書館は、地域の他の施設と比べて早く閉館します。
図書館は・閉まる・早くに・比べると・他の施設と・その地域の

Passage 5

From Taro's Blog Entry 4

Today I'd like to talk about my hometown.

My hometown is in Yokohama. Yoko means side and hama means shore. It is famous for its bay area and history. It has many tourist attractions.

I live in the suburbs of Yokohama. It is a commuter town for people working in Tokyo. It is not really a rural area, but has a lot of trees compared to urban areas in Tokyo.

The town has a nice department store. There are also many shops in the station building. There are plenty of supermarkets in the area and old fashioned grocery stores with local fresh produce.

Recently a large pharmacy store that sells not only medicine, but also food, opened. They have a good sized parking lot, so that people can go there by car.

There is a bakery I love where I can buy really good croissants. Actually there is also a famous German confectionery store nearby where people come from far away to buy sweets.

When I have time, I often go to the deluxe public bath. It's really relaxing. I also go to the public gym and library located near the station.

和訳　check! 1.☐ 2.☐ 3.☐ 4.☐ 5.☐

太郎のブログから 4

今日は僕の地元についてお話します。

僕の地元は横浜（ヨコハマ）です。ヨコは横、そしてハマは海辺を意味します。ここは湾岸エリアと歴史で有名です。多くの観光名所があります。

僕は、横浜郊外に住んでいます。東京で働いている人たちのベッドタウンです。田舎というわけではないですが、東京の都市部に比べるとたくさん木があります。

町にはけっこういいデパートがあります。また駅ビルにはたくさんお店があります。地域にはスーパーも、地元の新鮮な生鮮食料品が揃う昔ながらの食料品店も、豊富にあります。

最近、薬だけでなく食べ物も販売する大型薬局が開店しました。かなりの大きさの駐車場があるので、車で行くことができます。

とてもおいしいクロワッサンが買える、僕が大好きなパン屋さんがあります。また、遠路はるばるスイーツを買いに人が来る、有名なドイツ菓子屋さんも近くにあります。

僕は時間があるときは、しょっちゅうスーパー銭湯に行きます。とってもリラックスできます。駅の近くの公共のスポーツクラブや図書館にも行きます。

Target words & sentences No.6
文化の違いを説明してみる

1-21 ノーマル

---

101 compare [kəmpeˈər] コンペア
She is comparing prices from the shops.

102 custom [kʌ'stəm] カスタm
It is a Japanese custom to take off your shoes at the door.

103 export [ekspɔ:rt] エクスポー t
We export small mechanical parts.

104 traditionally [trədiˈʃənəli] トゥr ァディショナリィ
Traditionally, in Japan, people celebrate New Years with family.

105 translate [trænsleˈit] トゥr ァンスレイ t
Please translate this into English.

106 differently [diˈfərəntli] ディfァrェントリィー
People behave differently at home.

107 mostly [moˈustli] モウ st リィー
Their customers are mostly women.

108 original [əriˈdʒənl] オrィジナl
It is my mother's original recipe.

109 in addition to [in ədiˈʃən tə] インナディショントゥ
I bought a coat in addition to the sweater.

110 be called [bi: kɔ:ld] ビーコール d
The red gates of Shinto shrines are called torii.

| 和訳 | check! 1. □ 2. □ 3. □ 4. □ 5. □ |

101 比べる 動
彼女はお店の値段を比べています。
彼女は・比べている・値段を・お店からの

102 習慣 名
玄関で靴を脱ぐのは、日本の習慣です。
それは・＝・日本の習慣・脱ぐ・あなたの靴を・その扉で

103 輸出する 動
私たちは、小さな機械部品を輸出しています。
私たちは・輸出する・小型機械部品を

104 伝統的に 副
日本では、伝統的に新年は家族と祝います。
伝統的に・日本では・人々は・祝う・新年を・家族と

105 翻訳する 動
これを英語に翻訳してください。
お願い・翻訳する・これを・英語へ

106 異なって（違って） 副
人は、うちでは違う態度を取ります。
人は・態度を取る・異なって・うちで

107 大部分は 副
彼らのお客様の大部分は女性です。
彼らのお客様は・＝・大部分は・女性

108 独創的な 形
それは母の独創的なレシピです。
それは・＝・私の母の・独創的なレシピ

109 ～に加えて 副
セーターに加えて、コートを買いました。
私は・買った・コートを・に加えて・そのセーター

110 ～と呼ばれる 動
神社の赤い門は、鳥居と呼ばれます。
その赤い門は・神社の・呼ばれる・鳥居と

Target words & sentences No.6

111. be supposed to [bi: səpo'uzd tə] ビーサポウズトゥ
He is supposed to set up the table for the guests.

112. at least [ət li:'st] アtリーst
I have to pay at least 1,000 yen for the ticket.

113. (number) times [ta'imz] タイムズ
America is about twenty-five times bigger than Japan.

114. valuable [væ'ljəbl] vァリュアブl
There is a lot of valuable artwork at the museum.

115. expensive [ekspe'nsiv] エクスペンスィv
The man drove a very expensive car.

116. on the other hand [ɔn ði ʌ'ðər hæ'nd] オンthィアthァrーハンd
On the other hand, I always leave early.

117. kind [ka'ind] カインd
I don't know what kind of books she likes.

118. depend on [dipe'nd ɔn] ディペンドン
I will do laundry depending on the weather.

119. for example [fɔː igzæ'mpl] fォーイグザンプl
For example, you can use special railway passes meant for foreigners.

120. mean [mi':n] ミーン
"Arigato" means "thank you" in Japanese.

| | 和 訳 | check! 1.☐ 2.☐ 3.☐ 4.☐ 5.☐ |

111 **〜することになっている** 動
彼は、お客様のためにテーブルを用意することになっています。
彼は・することになっている・用意する・そのテーブルを・そのお客様たちのために

112 **少なくとも** 副
チケットのために、少なくとも1,000円払う必要がある
私は・しなければならない・払うことを・少なくとも・1,000円・そのチケットのために

113 **〜倍** 名
アメリカは日本の約25倍の大きさです。
アメリカは・＝・約25倍・大きい・日本よりも

114 **価値がある** 形
博物館には、価値のある美術品が数多くあります。
There is・数多くの・価値のある美実品・その美術館に

115 **(値段が) 高い** 形
男はとても高級な車を運転しました。
その男は・運転した・とても高い車を

116 **一方で** 副
一方で、私はいつも早く出ます。
一方で・私は・いつも・去る・早く

117 **種類** 名
彼女がどんな本を好きか、私は知りません。
私は・知らない・どんな種類の本を・彼女が・好き

118 **〜次第で** 動
天気によって、洗濯をします。
私は・する・洗濯物を・次第で・その天気

119 **たとえば** 副
たとえば、外国人用の特別な電車パスを使うことができます。
たとえば・あなたは・使える・特別な電車パス・のための・外国人

120 **〜 意味する** 動
アリガトウは、日本語で「ありがとう」を意味します。
アリガトウは・意味する・「ありがとう」を・日本語で

Passage 6

From Taro's Blog Entry 5

Today I'd like to compare American and Japanese Valentines' Day customs.

Valentine's Day was imported to Japan by Japanese confectionery companies. Traditionally, in America, men and women, young and old, give cards, flowers, chocolates and other gifts to the people they like and love. Somehow, when this custom came to Japan, it was translated differently. In Japan mostly women give chocolates to men on February 14th.

Japan has another original custom in addition to Valentines' Day, called White Day. On March 14th, men are supposed to give candy and gifts to the women as a thank you gift. The gifts usually have to be at least two or three times more valuable than the chocolates they were given. It can be very expensive for men!

On the other hand, women have to give a lot of chocolate. There are many different kinds of chocolate, depending on the relationship the women have with the men. For example, "giri-choco" is given to acquaintances, bosses, coworkers and male friends. Giri-choco means "obligation" chocolate.

I wonder how many giri-choco I will get this year!

和訳　check! 1.☐ 2.☐ 3.☐ 4.☐ 5.☐

太郎のブログから 5

今日はアメリカと日本のバレンタインデーの習慣を比べたいと思います。

バレンタインデーは日本のお菓子会社によって、日本へ輸入されました。伝統的にアメリカでは、老若男女がカード、花、チョコレートなどの贈り物を、好きな人や愛する人へ贈ります。どういうわけか、この習慣が日本に入ってきたとき、異なって解釈されました。日本では、ほとんどの場合、2月14日に女性が男性にチョコレートを贈ります。

日本にはバレンタインデーに加えて、ホワイトデーと呼ばれるもうひとつの独創的な習慣があります。3月14日に男性は、キャンディやプレゼントを、感謝のプレゼントとして女性に贈ることになっています。通常このプレゼントは、もらったチョコレートよりも、少なくとも2から3倍の価値があるものでなくてはなりません。男性にとって、大変高くつくことがあります。

その一方で、女性は多くのチョコレートをあげなくてはなりません。その男性と女性との関係によって、いろいろな種類のチョコレートがあります。たとえば義理チョコは知り合い、上司、同僚や男性の友人にあげるものです。義理チョコとは「義務」のチョコという意味です。

僕は、今年どれくらいの義理チョコがもらえるのでしょうか。

Target words & sentences No.7

学校に関連した表現

1-25 ノーマル

121. graduate [græ'dʒue`it] グ r ァデュエイ t
I graduated from the same university as my father.

122. entrance exam [e'ntrəns igzæ'm] エン t r ァンスイグ**ザ**m
You have to take an entrance exam to get into universities in Japan.

123. grades [gre'iz] グ r ェイズ
My grades were not that great in high school.

124. apply to [əpla'i tə] アプ**ラ**イトゥ
Please apply to a driving school to get a driver's license.

125. freshman [fre'ʃmæ'n] フ r ェッシュマン
I was very shy during my freshman year.

126. campus [kæ'mpəs] **キ**ャンパ s
The campus is famous for its cherry blossoms.

127. dormitory [dɔ':rmətɔ̀:ri] **ド**ーミト r ィー
Many single employees live in the company dormitory.

128. classmate [klæ'sme`it] ク**ラ**スメイ t
I have not seen my classmates for twenty years.

129. course [kɔ':rs] **コ**ー s
Everybody took a computer course.

130. Bachelor of Arts degree [bæ'tʃələr əv ɑ':rts digri':] **バ**ッチャラーオ v **ア**ーツディグ r ィー
A Bachelor of Arts degree is required for this job.

| 和訳 | check! 1.□ 2.□ 3.□ 4.□ 5.□ |

121
卒業する 動
私は、父と同じ大学を卒業しました。
私は・卒業した・その同じ大学から・私の父と

122
入試 名
日本の大学に入るためには、入試を受けなくてはなりません。
あなたは・しなくてはならない・受けることを・入試を・入るために・日本の大学に

123
成績 名
私の高校の成績は今ひとつでした。
私の成績・＝・そんなによくない・高校のとき

124
申請する 動
運転免許を取るためには、運転学校に申請してください。
お願い・申請する・運転学校へ・取るためには・運転免許書を

125
1年生 名
1年生のとき、とても恥ずかしがりやでした。
私・＝・とても恥ずかしがりや・私が1年生のとき

126
キャンパス（構内） 名
キャンパスは桜の花で有名です。
そのキャンパスは・＝・有名・その桜の花で

127
寮 名
独身の社員の多くが、社員寮に住んでいます。
多くの・独身の・社員が・住んでいる・その社員寮に

128
同級生 名
同級生に20年会っていません。
私は・会っていない・私の同級生に・20年間

129
授業 名
みんなコンピューターの授業をとりました。
みんなは・とった・コンピューターの授業を

130
学士号 名
この仕事には学士号の学位が必須です。
学士号の学位が・必須だ・この仕事のために

Target words & sentences No.7

131 major [meˈidʒər] メイジャー
It can be difficult to choose your major in college.

132 graduate school [ˈgræˌdʒueˌit skuːl] グラデュエイト スクール
Students study harder in graduate school.

133 Master's degree [ˈmæstərz digriː] マスターズディグリー
It took me three years to get a Master's degree.

134 PhD [piːeiʃdiː] ピーエイチディー
PhD means Doctor of Philosophy.

135 professor [prəˈfesər] プロフェッサー
Most professors live very close to campus.

136 respect [risˈpekt] リスペクト
I respected my teachers in elementary school.

137 advise [ədˈvaiz] アドヴァイズ
I advise you to get a Bachelor's degree.

138 experience [ekˈspiˈəriəns] エクスピリアンス
It is an experience I will never forget.

139 continue [kənˈtinjuː] コンティニュー
Please continue to read the book.

140 education [ˌeˈdʒəkeˈiʃən] エデュケイション
We think education is extremely important.

和訳

check! 1.□ 2.□ 3.□ 4.□ 5.□

131 専攻 [名]
大学で専攻を選ぶのは、ときに大変なことがあります。
それは・ときに大変だ・選ぶことは・あなたの専攻を・大学で

132 大学院 [名]
学生は、大学院でより懸命に勉強しています。
学生は・勉強する・より懸命に・大学院で

133 修士号 [名]
修士号を取得するのに、3年かかりました。
それは・かかった・私に・3年間・修士号をとるのに

134 博士号 [名]
PhDとは哲学の博士という意味です。
PhDは・意味する・哲学の博士を

135 教授 [名]
ほとんどの教授は、キャンパスにとても近いところに住んでいます。
ほとんどの教授は・住んでいる・とても近くに・キャンパスに

136 尊敬する [動]
私は、小学校の先生を尊敬していました。
私は・尊敬した・私の先生たちを・小学校で

137 勧める [動]
学士号を取得することを勧めます。
私は・勧める・習得することを・学士号を

138 経験 [名]
絶対に忘れられない経験です。
それは・＝・経験・私が・絶対に忘れないだろう

139 継続する [動]
どうぞ引き続きその本を読んでください。
お願い・続けて・読むことを・その本を

140 教育 [名]
私たちは、教育を非常に重要なことだと考えています。
私たちは・思う・教育が・＝・非常に重要だ

Passage 7

From Taro's Blog Entry 6

Today Ikuyo-san and I talked about the schools we graduated from. Since she studied in an American university, it was very interesting.

She didn't have to take an entrance exam. She had to have good grades in high school and write an essay to apply to the university.

During her freshman year, she lived on campus in a dormitory. After the second year, she lived with her classmates in an apartment near the campus.

She took many courses, but her major was International Business. She has a BA, Bachelor of Arts degree in International Business. She wanted to go to graduate school to get a Master's degree in Business. She even thought about getting a PhD and becoming a teacher. She came back to Japan to work, because the professor she respected advised her to get business experience first.

I am glad she decided to work first before she continued with higher education. She is a great supervisor. I am very lucky I can work with her.

太郎のブログから6

今日は育代さんと、卒業した学校について話しました。彼女は、アメリカの大学で勉強したので、とても興味深かったです。

彼女は、入試を受ける必要がありませんでした。大学に入学するためには、高校で良い成績と、エッセイを書かなくてはなりませんでした。

1年生の時は、キャンパス内の寮に住みました。2年目以降は、同級生とキャンパス近くのアパートに住みました。

彼女は多くの授業をとったそうですが、専攻は国際ビジネスでした。彼女はBA、つまり国際ビジネスで学士号を持っています。修士号をとるために、大学院に進みたかったそうです。博士号を取得して、教授になることさえも考えたそうです。彼女は、尊敬する教授から、ビジネス経験を先に身につけることを勧められ、働くために日本に帰国しました。

彼女がさらに進学する前に働くことを選んでくれたのは、僕には良かったです。彼女はすばらしい指導者です。彼女と一緒に働けて僕は幸運です。

Category 2

Introduction

カテゴリー2
対話の中で、ごく自然に「ボキャ脳」を育てる

単語は1つひとつ単独で覚えるより、周囲の単語とセットのほうが覚えやすいようです。カテゴリー2の短い対話で、複数の単語を関連づけながらボキャブラリーを増やしていきましょう。

たとえば、"**Do you know anyone who can repair a broken fax machine?**"（壊れたファックスを修理できる人を知りませんか？）という質問とそれに対する返答文である"**Mr. Kim can fix anything!**"（金さんが、何でも修理できます！）との間には"**repair**（修理する）**= fix**（修理する）"という同義語としてのつながりが見えてきます。

あるいは、"**Are the workers at the construction site?**"（職人たちは建築現場にいますか？）と、これに対する返答文である"**Yes. They are starting to build our new house.**"（はい、私たちの新しい家の建築を始めています）との間には、"**construction site**（建築現場）→ **build our new house**（私たちの新しい家を建築する）"と連想しやすい関係が見えてきます。

☑ CHECK!

| 1回目 ☐ | 2回目 ☐ | 3回目 ☐ | 4回目 ☐ | 5回目 ☐ |

Fight!

Excellent!

Target words & sentences No.1

クローズクエスチョンで明確に！①

construction [kənstrʌ́kʃən] コンストrァクション

1.
- Are the workers at the construction site?
- Yes. They are starting to build our new house.

transfer [trænsfə́ːr] trァンスfァー

2.
- Is he being transferred to the New York office?
- I think so. I want to work in New York, too.

repair [ripéər] rィペア

3.
- Do you know anyone who can repair a broken fax machine?
- Mr. Kim can fix anything!

include [inklúːd] インクルーd

4.
- Does this price include 10% sales tax?
- Yes. It's a bargain!

refuse [rifjúːzt] rィフューズ

5.
- Was the credit card refused at the cafe?
- No. I had no problem paying for my lunch with it.

和訳

check! 1. ☐ 2. ☐ 3. ☐ 4. ☐ 5. ☐

建設 [名]

1
- 職人たちは、建築現場にいますか？
  Are・その職人たち・その建築現場に？
- はい。私たちの新しい家の建築を始めています。
  はい・彼らは・始めている・建築をすることを・私たちの新しい家を

異動する [動]

2
- 彼はニューヨークのオフィスに異動させられるのですか？
  Is・彼は・異動させられる・そのニューヨークオフィスに？
- そう思います。私もニューヨークで働きたいです。
  私は・そう思う。私は・したい・働くことを・ニューヨークで・同じく

修理する [動]

3
- 壊れたファックスを、修理できる人を知りませんか？
  Do・あなたは・知っている・誰か・壊れたファックスを修理できる人？
- 金さんが、何でも修理できます。
  金さんが・修理できる・何でも

含む [動]

4
- この値段は消費税 10% 込みですか？
  Do・この値段は・含む・消費税 10%？
- はい。お得ですよ。
  はい。これは・=・バーゲン！

受け入れる・認める [動]

5
- クレジットカードは、喫茶店で断られましたか？
  Was・そのクレジットカード・断られた・その喫茶店で？
- いいえ、問題なく、お昼ご飯を支払うことができました。
  いいえ・私は・問題なかった・払うことに・自分のお昼ご飯を・それで

Target words & sentences No.1

クローズクエスチョンで明確に！②

1-30 ノーマル

6. **expand** [ekspǽnd] エクsパンd
- Is it possible to expand the budget?
- I think we can accommodate your requests.

7. **employee** [emplɔ́iː] エンプロイー
- Do the employees like our new company cafeteria?
- It's very popular with them.

8. **warehouse** [wéərhàus] ウェアハウs
- Do you mind checking the warehouse?
- Not at all.

9. **cell (phone)** [sél fóun] セl フォウン
- Are you going to call him on his cell?
- Oh no, I don't have his phone number with me.

10. **receive** [risíːv] rィスィーv
- Have you received my email?
- I'm sorry. I haven't checked my mail yet.

和訳

check! 1.□ 2.□ 3.□ 4.□ 5.□

拡大する・(金額などを)引き上げる 動

6
- 予算を拡大することはできますか?
  = ・それは・可能・拡大すること・予算を?
- 希望にそうことはできると思いますよ。
  私は・考える・私たち・調整できる・あなたの・要望を

従業員 名

7
- 従業員は、新しい会社食堂を気に入っていますか?
  Do・その従業員たちは・好き・私たちの新しい会社食堂を?
- 彼らの間で、とても人気があります。
  それは・=・とても人気がある・彼らに

倉庫 名

8
- 倉庫を確認してもらってもいいですか?
  Do・あなたは・気にする・チェックすることを・その倉庫を?
- いいですよ。
  いいえ・まったく

携帯電話 名

9
- 彼の携帯に電話をするつもりですか?
  Are・あなたは・するつもり・彼に電話をすることを・彼の携帯へ?
- しまった。彼の電話番号を持っていません。
  ああだめだ・私は・持っていない・彼の電話番号を・自分とともに

受け取る 動

10
- 私のeメールは受け取りましたか?
  Have・あなたは・受け取った・私のeメールを?
- すみません。まだメールをチェックしていません。
  私は・=・すみません。私は・チェックしていない・私のメールを・まだ

Target words & sentences No.2

オープンクエスチョンで会話を広げる①

assign [əsáin] アサイン
11
- Who is assigned to this project?
- Taro is the person in charge.

supply [səplái] サプライ
12
- Who supplies the small parts?
- I think Mr. Pearson knows.

vote [vóut] ヴォウt
13
- Who was voted as the best actress?
- I have no idea.

brochure [brouʃúər] ブrオウシュア
14
- Who are you going to send the new company brochure to?
- To all my clients.

lean [líːn] リーn
15
- Why can't we lean against the wall?
- It has just been painted this morning.

| 和 訳 | check! 1.☐ 2.☐ 3.☐ 4.☐ 5.☐ |

任命する 動

11
- 誰がこのプロジェクトに任命されていますか？
  誰が・任命されている・このプロジェクトに？
- 太郎さんが、担当者です。
  太郎さんが・=・その担当者

供給する 動

12
- 誰が小型部品を供給していますか？
  誰が・供給する・その小型部品を？
- ピアソンさんが、ご存知だと思います。
  私は・思う・ピアソンさんが・知っていると

投票する 動

13
- 誰が最優秀女優として選ばれましたか？
  誰が・投票された・最優秀女優として？
- ぜんぜんわかりません。
  私は・持つ・アイディアなし

冊子（パンフレット） 名

14
- 最新の会社概要を、だれに送るつもりですか？
  誰へ・are・あなたは・送るつもり・その最新の会社概要を？
- 自分のお客様全員です。
  全ての自分のお客様へ

～に寄りかかる 動

15
- なぜ壁にもたれてはだめなのですか？
  なぜ・can't・私たちは・よりかかる・壁に対して？
- 今朝ペンキが塗られたばかりだからです。
  それは・ばかり・ペンキ塗られた・今朝

Target words & sentences No.2

オープンクエスチョンで会話を広げる②

practice [præ'ktis] プ**r ア**ックティ s

16
- Why are you going to practice golf?
- I plan to win the company-wide competition next month.

budget [bʌ'dʒət] **バ**ジェッ t

17
- Whose idea was it to increase the budget?
- R&D needed more money for research.

efficient [ifi'ʃnt] イ**フィ**シエン t

18
- Which was the most efficient diet method?
- I think the recording diet is the best.

detail [dite'il] **ディ**テェー l

19
- When are we getting the construction schedule details?
- They should be here by tomorrow.

request [rikwe'st] リク**ウェ**ス t

20
- When did the manager request more staff?
- He asked for them last week.

| 和訳 | check! 1.☐ 2.☐ 3.☐ 4.☐ 5.☐ |

練習する 動

なぜあなたは、ゴルフの練習をするつもりなのですか？
なぜ・are・あなたは・するつもり・ゴルフを練習することを？

16 来月の全社コンペで勝つつもりだからです。
私は・計画する・勝つことを・その全社コンペで・来月

予算 名

予算の増加は、誰が考えたのですか？
誰の・アイディア・was・それは・増加すること・その予算を？

17 研究開発部門が、研究のためにもっとお金が必要だったからです。
研究開発部門が・必要だった・もっとお金を・研究のために

効率的な・効果的な 形

どれが最も効率的なダイエット方法ですか？
どれが・＝・最も効率的な・ダイエット方法？

18 レコーディングダイエットが、一番だと思います。
私は・思う・そのレコーディングダイエットが・＝・一番よい

詳細 名

いつ建築計画の詳細が、手に入るのでしょうか？
いつ・are・私たちは・手に入れる・その建築計画詳細を？

19 明日までには来るはずです。
それらは・あるはずだ・ここに・明日までに

依頼する・要求する 動

いつマネージャーは、スタッフの増員を要求しましたか？
いつ・did・そのマネージャーは・要求する・さらなるスタッフ？

20 先週お願いしていました。
彼は・求めた・彼らを・先週

Target words & sentences No.3

オープンクエスチョンで会話を広げる③

due date [djúː déit] デューデイt

21
- What is the due date for the report?
- 9:00 a.m. next Monday. Don't be late!

hold [hóuld] ホウルd

22
- Where are they going to hold the meeting?
- Didn't you get an email?

fountain [fáuntn] fァウンテン

23
- Where is this beautiful fountain?
- It is the Trevi Fountain in Italy.

luggage [lʌ́gidʒ] ラギッジ

24
- Where can I pick up my luggage?
- Please go to the arrival area downstairs.

relative [rélətiv] rェラティv

25
- Which relative are you staying with during your stay in Tokyo?
- I am staying with my aunt.

和訳

check! 1.☐ 2.☐ 3.☐ 4.☐ 5.☐

締切り（日） 名

21
- レポートの締切りは、いつですか？
  何・=・その締切日・そのレポートの？
- 来週月曜日の朝9時です。遅れないようにね！
  9:00 a.m 来週月曜日。遅れるな！

（会議・パーティーなどを）開く 動

22
- どこで会議を行うのですか？
  どこで・are・彼らは・開くつもり・その会議を？
- eメールが届きませんでしたか？
  Didn't・あなたは・もらう・eメールを？

噴水 名

23
- この美しい噴水はどこですか？
  どこ・この美しい噴水？
- イタリアのトレビの泉です。
  それは・=・そのトレビの噴水・イタリアの

荷物 名

24
- どこで荷物を受け取ることができますか？
  どこで・can・私は・受け取る・私の荷物を？
- 下の階の到着エリアへ、行ってください。
  お願い・行く・到着エリアへ・下の階

親族 名

25
- 東京にいる間、どちらの親族の家に滞在しているのですか？
  どの親族・are・あなたは・滞在している・あなたのいる間・東京に？
- 叔母のところにいます。
  私は・滞在している・叔母と

Target words & sentences No.3
オープンクエスチョンで会話を広げる④

1-34
ノーマル

prefer [prifə́:r] プ ɪ **f** ァー

26
- Which do you prefer, coffee or tea?
- To tell the truth, neither. I like soda.

recommend [rèkəménd] r ェ コ メ ン d

27
- Which train do you recommend I take tomorrow?
- Take the 7:05 express train to Kyoto.

benefit [bénəfit] ベ ネ f ɪ ッ t

28
- What is one of the benefits of regular exercise?
- It will help you to stay healthy.

method [méθəd] メ th ォ ッ d

29
- What method did the man use to break into the house?
- He broke the windows.

figure [fígjər] **f** ɪ ギュ ア

30
- What were the quarterly sales figures?
- They were 358 million yen, a 10% increase.

和訳

check! 1. □ 2. □ 3. □ 4. □ 5. □

～を好む 動

26
- コーヒーと紅茶、どちらがお好きですか？
  どちら・do・あなたは・好む・コーヒーまたは紅茶？
- 正直なところ、どちらでもないです。炭酸が好きです。
  正直なことを伝えると・どちらでもない。私は・好き・炭酸を

薦める・勧める 動

27
- 明日どの電車に乗るのがいいでしょうか？
  どの電車を・do・あなたは・薦める・私が・乗る・明日
- 7：05発の京都行急行に乗ってください。
  乗る・その7：05急行電車・京都へ

恩恵 名

28
- 定期的な運動の恩恵のひとつは何ですか？
  何が・＝・恩恵のひとつ・定期的な運動の
- 健康の維持を助けてくれます。
  それは・手伝うだろう・あなたを・健康を維持することを

方法 名

29
- どのような方法で、男は家に侵入したのですか？
  どんな方法を・did・その男が・使う・侵入するために・その家に？
- 窓を割ってです。
  彼は・割った・その窓を

数値 名

30
- 四半期の売上高は、何でしたか？
  何・＝・四半期の売上高？
- 3億5800万円で10％増でした。
  それら・＝・3億5800万円・10％増

オープンクエスチョンで会話を広げる⑤

contract [kɑ'ntrækt] コン t r ァク t

31
- How are the contract negotiations going?
- Unfortunately, they are not going well.

strategy [stræ'tədʒi] ス t r ァテジー

32
- How was the sales strategy meeting?
- We were able to come up with a great sales strategy.

measure [me'ʒər] メジャー

33
- How do you measure flour for the cake?
- We use measuring cups in America.

waste [we'ist] ウェイ s t

34
- How much waste does the factory produce?
- You need to check our report.

signature [si'gnətʃər] スィグニチャー

35
- How many signatures do you need to get approval for buying a new machine?
- You need to get at least two from managers.

和訳

check! 1.□ 2.□ 3.□ 4.□ 5.□

契約 名

31
- 契約の交渉は、どんな調子ですか？
  どう・are・その契約交渉・いっている？
- 残念ながら、うまくいっていません。
  残念ながら・それらは・うまくいっていない

戦略 名

32
- 営業戦略会議は、どうでしたか？
  どうだった・=・その営業戦略会議？
- すばらしい営業戦略を思いつくことができました。
  私たちは・思いつくことができた・すばらしい営業戦略を

計測する・計る 動

33
- ケーキのための粉は、どうやって計りますか？
  どう・do・あなたは・計る・粉を・そのケーキのために？
- アメリカでは軽量カップを使用します。
  私たちは・使用する・軽量カップを・アメリカで

廃棄物 名

34
- 工場ではどれくらいの廃棄物が発生するのですか？
  どれくらい・廃棄物・does・その工場は・生産する？
- 報告書をチェックしてください。
  あなたは・必要とする・チェックすることを・私たちの報告書を

署名 名

35
- 新しい機械の購入の承認を得るのに、いくつ署名が必要ですか？
  いくつ署名・do・あなたは・必要とする・承認を得ることを・購入するために・新しい機械を
- 最低でも、マネージャーから２つ必要です。
  あなたは・必要とする・得ることを・最低でも２つを・マネージャーから

Target words & sentences No.4
オープンクエスチョンで会話を広げる⑥

install [instɔ́ːl] インストォーl
- How long does it take to install the equipment?
- It should be done by lunch time.

agency [éidʒənsi] エイジェンスィー
- How old is this travel agency?
- It was founded ten years ago.

facility [fəsíləti] fァスィリティー
- How often does the president visit this facility?
- At least once every six months.

battery [bǽtəri] バッtrィー
- How far can this car run on battery power?
- Let me check the specifications.

experiment [ikspérəmənt] イクスペrィメンt
- How can I get the results of the experiment?
- They should be in the research paper.

和訳

check! 1.☐ 2.☐ 3.☐ 4.☐ 5.☐

設置する・取り付ける 動

36
- 機器を設置するのに、どれくらいかかりますか？
  どれくらい・does・それはかかる・設置することに・その機器を？
- お昼までには、終わるはずです。
  それは・終わるはず・お昼までに

代理店 名

37
- この旅行代理店は、何年目ですか？
  いくつ・＝・この旅行代理店？
- 10年前に設立されました。
  これは・設立された・10年前に

施設 名

38
- どれくらいの頻度で、社長はこの施設を訪問しますか？
  どれくらいの頻度で・does・その社長は・訪問する・この施設を？
- 最低でも、6ヶ月に1回ですね。
  最低でも・6ヶ月に1回

電池・バッテリ 名

39
- この車は、電池の電力でどれくらいの距離を走れますか？
  どれくらいの距離・can・この車は・走る・バッテリの電力で？
- 仕様をチェックさせてください。
  させて・私に・チェックする・その仕様を

実験 名

40
- どうやったら、実験結果を手に入れることができますか？
  どう・can・私は・手に入れる・その結果を・その実験の？
- 研究報告書に書いてあるはずです。
  それらは・入っているべき・その研究報告書に

Target words & sentences No.5
If などを使った表現①

postpone [poustpo'un] ボウストポウン

41
- If it rains tomorrow, we will postpone the school trip.
- I hope it doesn't rain!

earthquake [ə':r θ kwe`ik] アーth クウェイ k

42
- If we had prepared for it, we could have handled the earthquake better.
- I agree completely.

achieve [ətʃi':v] アチー v

43
- Everyone works very hard. Our division will achieve the sales goal.
- We will do our best.

out of stock [a'ut ɔv stɑ'k] アウト v スタッ k

44
- What will you do if the suits are out of stock?
- I will look for them in another store.

in time [in ta'im] インタイ m

45
- If I had taken the train, I might have gotten there in time.
- Better luck next time.

| 和訳 | check! 1.☐ 2.☐ 3.☐ 4.☐ 5.☐ |

延期する 動

41
明日雨が降ったら、遠足を延期します。
もし・雨が降る・明日、私たち・延期するだろう・その遠足を？

雨が降らないように！
私は・願う・雨が降らないことを

地震 名

42
もし準備をしていたら、地震にもっとうまく対処できたでしょう。
もし・私たちは・準備していたら・そのために、私たちは・対処できただろう・その地震に・よりよく

本当にそう思います。
私は・同意する・完全に

達成する 動

43
みんなは一生懸命働きます。そして営業目標を達成するでしょう。
みんなが・働く・とても一生懸命に・私たちの部は・達成するだろう・その営業目標を

最大の努力をします。
私たちは・するだろう・私たちの最善を

在庫切れの 形

44
スーツが在庫切れだったらどうしますか？
何を・あなたはするだろう・もし・そのスーツ・＝・在庫切れ？

ほかのお店で探します。
私は・探すだろう・彼らを・ほかの店で

時間内に 副

45
電車に乗っていたら、時間内についたのかもしれません。
もし・私が・乗ったならば・その電車に、私は・そこについたかもしれない・時間内に

次回はうまくいきますように。
もっと幸運・次回に

If などを使った表現②

accommodate [əkɑ'məde`it] アカマデイt

46
- I would stay at that hotel only if they could accommodate my mother, too.
- That shouldn't be a problem.

successful [səkse'sfl] サクセスfゥl

47
- Anyone will do so long as they are successful in business.
- Are you sure about that?

prepare [pripe'ər] プrィペア

48
- Had I known you were coming, I would have been prepared for you.
- Don't worry. This is fine.

(be)familiar with [fəmi'ljər wi'ð] fァミリア ウィth

49
- It isn't as if you aren't familiar with everyone here.
- I suppose so.

accurately [æ'kjərətli] アキュrィッタリー

50
- How different life would be in Japan, if we could predict earthquakes accurately.
- True, but natural disasters are almost impossible to predict.

| 和 訳 | check! 1.□ 2.□ 3.□ 4.□ 5.□ |

46

宿泊できる・収容できる 動

私の母も宿泊できるのなら、あのホテルに滞在します。
私は・滞在する・あのホテルで・場合に限り・彼らが・収容できる・私の母も

たぶん問題ないでしょう。
それは・ならない・問題に

47

成功した・成功を収めた 形

事業に成功していれば、誰でもいいです。
誰でも・するだろう・である限りは・彼らが・＝・成功を収めた・ビジネスで

本当にそれでいいですか？
＝・あなたは・確実・そのことについて？

48

準備する 動

来ると知っていたら、あなたのために準備をしたのですが。
Had・私は・知っていた・あなたが・来ることを、私は・準備をしていただろう・あなたのために

心配しないでください。これで大丈夫です。
心配しない。これ・＝・いいよ

49

よく知っている・慣れ親しんでいる 形

ここにいるみんなを、知らないわけではないんですから。
そうではない・のように・あなたは・よく知らない・全員・ここの

そうですねえ。
私は・そうだろうと思う

50

正確に 副

地震を正確に予知することが出来るのならば、日本での生活はどれほど違うものになるでしょうね。
How・違う生活が・あるだろう・日本で、もし・私たちが・予測できるなら・地震を・正確に

本当ですね。でも自然災害は、予測することがほぼ不可能です。
本当だ・でも・自然災害は・＝・ほとんど不可能・予測することを

Target words & sentences No.6
まずは誘ってみるための問いかけ①

1-39 ノーマル

refreshments [rifre'ʃmənt] rィフrェッシュメンt

51
- Let's get some refreshments at the bar.
- That sounds great.

exhibit [igzi'bit] イグズィビッt

52
- Why don't we go to an art exhibit this weekend?
- I want to go to the Van Gogh exhibit in Ueno.

take advantage of
[te'ik ədvæ'ntidʒ ɔv] テイk アドvァンティジ オv

53
- Shall we take advantage of the weather and go on a day trip?
- Let's go to Hakone!

review [rivju'ː] rィvューー

54
- Would you like to review the documents before the presentation?
- I think I'd better do that.

available [əve'iləbl] アvェイラブl

55
- Are you available this Sunday?
- Unfortunately, I have another appointment.

| 和訳 | check! 1.□ 2.□ 3.□ 4.□ 5.□ |

飲食物・飲み物 [名]

51
- バーで何か飲み物をもらってきましょうよ。
  もらってこよう・いくつかの飲み物を・そのバーで
- いいですねえ。
  それは・ように聞こえる・すばらしい

展示・展覧会 [名]

52
- 今週末に、美術展覧会へ行きませんか？
  なぜ・don't・私たちは・行く・展覧会へ・今週末
- 上野のヴァン・ゴッホの展覧会に行きたいです。
  私は・行きたい・そのヴァン・ゴッホの展覧会へ・上野の

(上手く)利用する [動]

53
- この天気を利用して、日帰り旅行にでも行きませんか？
  Shall・私たちは・利用する・その天気を・そして・行く・日帰り旅行へ
- 箱根に行きましょう！
  行こう・箱根へ

再検討する・〜を再び見る [動]

54
- プレゼンテーションの前に、書類を見直したいですか？
  Would・あなたは・したい・再び見ることを・その書類を・そのプレゼンテーションの前に？
- そうするべきかもしれませんね。
  私は・考える・私は・したほうがよい・それを

(物・人が)利用できる・(人が)手が空いている [形]

55
- 日曜日空いていますか？
  =・あなたは・空いている・この日曜日？
- 残念ながら、ほかの約束があります。
  残念ながら・私は・持っている・ほかの約束を

まずは誘ってみるための問いかけ②

be interested in [biː ˈintərəstid in] ビーインタrェスティッdィン

56
- Would you be interested in a business seminar?
- Who is the lecturer?

going out for drinks
[ɡoˈuiŋ aut fɔː driŋk] ゴゥインガウtフォードrィンクs

57
- What do you say to going out for drinks after work?
- That's a wonderful idea.

attend [əˈtend] アテンd

58
- Do you want to attend the expo with us?
- Sure. What do I need to do?

savings account [ˈseiviŋz əˈkaunt] セイvィングザカウンt

59
- How about opening a savings account at the bank?
- No. I don't think I need another one.

enroll [enˈroul] インrォゥl

60
- If you like, I can enroll you in the dance workshop.
- Thank you. Would you?

| 和訳 | check! 1.☐ 2.☐ 3.☐ 4.☐ 5.☐ |

興味がある 動

56
- ビジネスセミナーに興味がありますか？
  Would・あなたは・興味がある・ビジネスセミナーに？
- 講師は誰ですか？
  誰・＝・その講師？

飲みにいく 動

57
- 仕事の後に、飲みに行くのはどうですか？
  何を・do・あなたは・言う・飲みにいくことを・仕事の後に？
- いいですねえ。
  それは・＝・すばらしいアイディア

参加する 動

58
- 私たちと、博覧会に参加したいですか？
  あなたは・do・したい・参加・その博覧会に・私たちと？
- もちろんです。何をしなくてはいけないのでしょうか？
  もちろん。何を・do・私は・必要とする・することを？

普通口座 名

59
- 銀行で、普通口座を開いたらどうですか？
  どうか・開くことは・普通口座を・その銀行で？
- いいえ。これ以上必要ありません。
  いいえ・私は・考えない・必要とする・もうひとつを

登録（入会・入学）する 動

60
- よかったら、私がダンスのワークショップに登録しておきますよ。
  もし・あなたが・好き、私は・登録できる・あなたを・そのダンスのワークショップに
- ありがとう。いいですか？
  ありがとう。would・あなたは？

Target words & sentences No.7

積極的に提案するための表現①

contact [kɑ́ntækt] コンタクt

61
- We should contact the New York branch office while we're there.
- Do you have their number?

launch [lɔ́ːntʃ] ローンチ

62
- What about launching a new sales campaign?
- I like that idea.

paid vacation [péid veikéiʃən] ペイdヴェイケイション

63
- How about finding a job with more paid vacation?
- If I could, I would.

purchase [pə́ːrtʃəs] パーチャs

64
- I suggest we purchase the devices made by the Benson company.
- Aren't they more expensive?

go over [góu óuvər] ゴウ オゥヴァr

65
- The manager must go over the project plans.
- How long will that take?

和訳　check! 1.☐ 2.☐ 3.☐ 4.☐ 5.☐

連絡(コンタクト)をとる　動

61
- そこにいる間に、ニューヨーク支局と私たちは連絡を取るべきです。
  私たちは・連絡をするべきだ・そのニューヨーク支局に・間・私たちがいる・そこに
- 電話番号を持っていますか？
  Do・あなたは・持っている・彼らの番号を

開始する・(新商品を)販売する　動

62
- 新しいセールスキャンペーンを開始するのはどうですか？
  どうか・開始することは・新しいセールスキャンペーンを？
- そのアイディアいいですね。
  私は・好きだ・そのアイディアを

有給休暇　名

63
- 有給休暇がもっと多い仕事を見つけるのはどうですか？
  どうか・見つけることは・仕事を・さらに有給休暇がある？
- できるのだったら、しています。
  もし・私が・できるのなら、私は・するだろう

購入する・仕入れる　動

64
- ベンソン社製の機器を購入することを勧めます。
  私は・勧める・私たちが・購入する・その機器を・ベンソン社製の
- よりいっそう高額ではありませんか？
  =・not・それらは・もっと高い？

見直す・調べる　動

65
- マネージャーは、プロジェクト計画を見直さなくてはなりません。
  そのマネージャーは・見直さなくてはならない・そのプロジェクト計画を
- それは、どれくらい時間がかかりますか？
  どれくらい・will・それは・かかる？

103

Target words & sentences No.7
積極的に提案するための表現②

1-42 ノーマル

renovate [re'nəve`it] r ェ ノ v ェ ィ t
66
- Have you considered renovating your house?
- That's a good idea.

notify [no'utəfa`i] ノウティfァィ
67
- You might want to notify the parents.
- Is the student seriously sick?

ladder [læ'dər] ラダー
68
- Shouldn't we buy the ladder too?
- Hm. Let me talk with my boss first.

involve [invɑ'lv] イン v アル v
69
- Why don't you ask your friends to be involved with the charity?
- I think I will.

impression [impre'ʃən] インプ r ェッション
70
- Make sure you give them a good impression.
- I will do my best.

| 和訳 | check! 1.□ 2.□ 3.□ 4.□ 5.□ |

改装（修理・復元・リフォーム）する 動

66
- うちの改装を検討したことは、ありますか？
  Have・あなたは・考えた・改装することを・あなたのうちを？
- それは、いいアイディアですね。
  それは・＝・いいアイディア

知らせる・通知する 動

67
- 両親にお知らせするべきかもしれません。
  あなたは・したいかも・知らせることを・その両親に
- 生徒は、具合が深刻に悪いのでしょうか？
  ＝・その生徒は・深刻に具合が悪い？

はしご 名

68
- はしごも買うべきではないですか？
  Shouldn't・私たちは・買う・そのはしごも？
- うーん。上司と先に話をさせてください。
  うーん。話をさせて・私に・上司と・先に

関与する・参加する 動

69
- あなたのお友達に、チャリティへの参加をお願いしたらどうですか？
  なぜ・don't・あなたは・たずねる・あなたの友達に・参加することを・そのチャリティに？
- そうします。
  私は・考える・私は・するだろう

印象 名

70
- 彼らによい印象を与えなさい。
  確実にする・あなたは・与える・彼らに・よい印象を
- できる限りのことをします。
  私は・するだろう・私のベストを

情報を確認しよう①

instrument [i'nstrəmənt] インストゥメンt

71
- You have to clean the instruments, don't you?
- I almost forgot.

demand [dimæ'nd] ディマンd

72
- He is demanding his money back, isn't he?
- The store manager will have to talk to him.

emergency [imə':rənsi] イマージェンスィー

73
- Most people check the emergency exits, don't they?
- I never do.

banquet [bæ'ŋkwət] バンクウェッt

74
- Guests aren't leaving the banquet room, right?
- I'm sorry, I think they are.

commemorate [kəme'məre`it] コメモrェイt

75
- Did you know this coin commemorates the Olympics?
- Really? Can I see it more closely?

和訳

check! 1.□ 2.□ 3.□ 4.□ 5.□

機器・楽器 名

71

🙂 機器をきれいにしなくては、いけないのですよね。
あなたは・しなければならない・きれいにすることを・機器を・そうだろう？

🙂 忘れるところでした。
私は・ほとんど・忘れた。

要求する 動

72

🙂 彼は料金返金を求めていますよね。
彼は・要求している・彼のお金の返却を、そうだろう？

🙂 店長が、彼と話さなくてはなりません。
店長が・予定するだろう・話すことを・彼に

緊急・緊急事態 名

73

🙂 ほとんどの人は、非常口を確認しますよね。
ほとんどの人は・チェックする・その非常口たちを、そうだろう？

🙂 私はしません。
私は・絶対にしない

宴会 名

74

🙂 お客様は、宴会場から出て行っていませんよね。
お客様たちは・去っていない・その宴会場を、だよね？

🙂 ごめんなさい。出て行っていると思います。
私は・＝・ごめんなさい、私は・思う・彼らは・＝

記念する・(特別な出来事を)祝う 動

75

🙂 このコインがオリンピックを記念したものだと知っていましたか？
Did・あなたは・知っている・このコインは・記念する・そのオリンピックを？

🙂 本当に？もっと近くで見てもいいですか？
本当に？ Can・私は・見る・それを・もっと近くで？

情報を確認しよう②

parcel [pɑ́ːrsl] パースィl

76
- Please handle this parcel carefully.
- Is there something fragile inside?

itinerary [aitínəreˋri] アイティネrアrイー

77
- The secretary should know his itinerary for this trip.
- I will go ask him, then.

submit [səbmít] サブミッt

78
- You have submitted the report, haven't you?
- Oh no! I will do it right now.

specialize [spéʃəlaˋiz] スペシャライズ

79
- So this doctor specializes in treating heart disease?
- Yes. He's the best in the country, too.

withdraw [wiðdrɔ́ː] ウィthドrオー

80
- Don't forget to withdraw 50,000 yen from the savings account, all right?
- Okay. I will go to the bank after lunch.

| 和 訳 | check! 1.☐ 2.☐ 3.☐ 4.☐ 5.☐ |

小包 名

この小包は、注意して取り扱ってください。
お願い・取り扱う・この小包・注意して

76 何か壊れやすいものでも入っているのですか？
Is there・何か・壊れやすい・中に？

旅程 名

秘書がこの旅行の予定を知っているはずです。
その秘書が・知っているはず・彼の旅程を・この旅行のための

77 そうしたら、彼に聞いてみますね。
私は・聞きにいく・彼に・それでは

提出する 動

報告書を提出しましたよね？
あなた・提出していた・その報告書を・そうだろう？

78 しまった！今します。
しまった。私は・これからするだろう・まさに今

専門とする 動

このお医者さんは、心臓疾患の治療を専門としているのですね。
そうすると・この医者は・専門とする・心臓疾患の治療を

79 はい。また国内で一番でもいらっしゃいます。
はい・彼は・＝・最高・国内で・また

（預金を）引き落とす 動

普通口座から 50,000 円引き落とすのを忘れないでくださいね。
Don't・忘れる・引き落とすことを・50,000 円を・その普通口座から・大丈夫？

80 わかりました。昼食後、銀行に行きます。
わかった。私は・行く・その銀行へ・お昼の後に

Category 3

Introduction

カテゴリー3
豊富な話題は、豊富なボキャブラリーに通じる！

　カテゴリー3では、アート、ファッション、宗教、政治など、多様な話題を扱います。カテゴリー3で、自分が興味のある話題のスキットを選び、その中に登場する語彙から自分に取り入れていきましょう。

　何に興味を持つかは人さまざまです。1冊の単語帳でそれらをカバーすることは到底できません。本書をベースとしながらも、最終的には、自分が話したいと思う話題について、電子辞書やネットなどを使って、英語でどのように表現されているのか、日ごろから調べるようにしましょう。

　この調べ癖を自分に定着させるためには、どこにでも持ち運びできる検索ツールが不可欠です。携帯性に優れているツールの代表は電子辞書です。ネットに頻繁にアクセスしたい方であれば、タブレットタイプのスマートフォンなどもお勧めです。

☑ CHECK!

| 1回目 ☐ | 2回目 ☐ | 3回目 ☐ | 4回目 ☐ | 5回目 ☐ |

Fight!

Excellent!

Target words & sentences No.1

Weather 天気

1. **weather forecast** [we'ðər fɔ'ːrkæst] ウェthァーfォーキャスト
   What is the weather forecast for tonight?

2. **cloudy** [kla'udi] クラウディ
   It will be cloudy.

3. **a chance of rain** [ə tʃæ'ns ə ; réin] アチャンソvrェイン
   There is a 50% chance of rain.

4. **temperature** [témpərətʃər] テンペrェチャー
   The temperature is 35 degrees Celsius.

5. **sharply** [ʃɑ'ːrpli] シャープリー
   The temperature will rise sharply.

6. **drop** [drɑ'p] ドrォッp
   The temperature will drop in the afternoon.

7. **freezing** [friˈːziŋ] frィージング
   It's freezing cold today.

8. **warm** [wɔ'ːrm] ウォーm
   It was a bit warm this morning.

9. **humid** [hjuˈːmid] ヒューミッd
   It is humid in the summer.

10. **hay fever** [he'ɪ fi'ːvər] ヘイfィーvァー
    Hay fever makes me sneeze and have a runny nose.

| 和 訳 | check! 1.☐ 2.☐ 3.☐ 4.☐ 5.☐ |

1. 天気予報 名
今夜の天気予報はどうですか？
何・＝・その天気予報・今夜の

2. 曇り 形
曇りになるでしょう。
それは・なるだろう・曇りに

3. 雨の可能性（降水確率） 名
降水確率は50%です。
There is・50%・機会・雨の

4. 温度 名
温度は摂氏35度です。
その温度は・＝・摂氏35度

5. 急に 副
温度は急上昇します。
その温度は・上がるだろう・急に

6. 下がる 動
温度は午後に下がります。
その温度は・落ち込むだろう・その午後に

7. 凍えるほどの 形
今日は凍えるほど寒いです。
それは・凍えるほど寒い・今日

8. 暖かい 形
今朝は少し暖かかったです。
それは・＝・少し・暖かい・今朝

9. 湿気が多い・湿度が高い 形
夏は湿度が高いです。
それは・＝・湿度がある・その夏に

10. 花粉症 名
花粉症でくしゃみと鼻水がでます。
花粉症は・させる・私を・くしゃみをする・そして・持つ・鼻水を

Skit 1 : Weather

- Do you know what the weather forecast is for tonight?

- The weatherman said that it would be cloudy with a chance of rain in the evening.

- Really? I didn't bring an umbrella today. I hope it doesn't rain.

- He also said the temperature will drop sharply after sunset and could be freezing cold. You did bring your winter coat today, right?

- Yes. I'm glad I did. I almost didn't bring it because it was a bit warm this morning. Well, at least spring is almost here. I love spring. It's warm, but not humid like in summer.

- I don't know. Even though it'll be warm, spring is hay fever season and I hate that.

- Oh. You have hay fever? I'm sorry to hear that.

和 訳　　　　check! 1. ☐ 2. ☐ 3. ☐ 4. ☐ 5. ☐

今夜の天気予報、知っていますか？

天気予報士は、曇りのち雨と言っていましたよ。

本当に？　今日、かさを持ってきませんでした。雨が降らないといいなあ。

日が落ちたら、温度が急激に下がって、凍えるほど寒くなるかもしれないとも言っていましたよ。今日、冬のコートは持ってきたんですよね。

はい。そうしてよかったです。今朝、少し暖かかったので、危うく持ってこないところでした。まあ、何はともあれ、春がもう少しで訪れますからね。春は大好きです。暖かいけれども、夏のように湿気がなくて。

そうかなあ。暖かくはなるけど、春は花粉症の季節で、それが大嫌いです。

あら、花粉症なんですか。それはお気の毒です。

Target words & sentences No.2

Fashion ファッション

1-48 ノーマル

11 **care about** [ke'ər əba'ut] ケア アバウt
Do you care about fashion?

12 **latest** [le'itist] レイテスt
What is the latest big hit in music?

13 **trend** [tre'nd] トrェンd
Fashion trends change very quickly.

14 **keep up with** [ki':p ʌ'p wi θ] キーパップウィth
I need to keep up with the international news.

15 **outfit** [a'utfi`t] アウtフィッt
I tried on new outfits today.

16 **sales person** [séilz pə':rsn] セールズパーソン
The sales person recommended a nice coat.

17 **in fashion** [in fæ'ʃn] インファッション
Are these high heels in fashion now?

18 **clothes** [klo'uz] クローズ
What kind of clothes do you usually wear?

19 **wear** [we'ər] ウェア
I wear jeans and T-shirts.

20 **attire** [əta'iər] アタイヤー
I need to buy formal attire for the party.

| 和訳 | check! 1.☐ 2.☐ 3.☐ 4.☐ 5.☐ |

11 気にかける 動
ファッションを気にしますか？
do・あなたは・気にする・ファッションについて？

12 最新の 形
音楽での最新の大ヒットは何ですか？
何・=・最新の・大きなヒット・音楽で

13 トレンド 名
ファッションのトレンドは、早く変わります。
ファッションのトレンドは・変わる・とても・早く

14 最新の事情に通じている・〜についていく 動
国際ニュースについていく必要があります。
私は・必要とする・ついていくことを・国際ニュースに

15 服装 名
今日新しい服を着てみました。
私は・ためしに着た・新しい服装を・今日

16 販売員 名
素敵なコートを販売員が薦めてくれました。
販売員は・薦めた・素敵なコートを

17 流行の 形
このハイヒールが今の流行なのですか？
Are・それらのハイヒールは・流行・今？

18 服 名
普段どんな洋服を着ますか？
どんな種類の洋服を・do・あなたは・普段・着る？

19 着る 動
ジーンズやTーシャツを着ます。
私は・着る・ジーンズとTーシャツを

20 衣装 名
パーティーのためにフォーマルな衣装を買う必要があります。
私は・必要とする・買うことを・フォーマルな衣装を・そのパーティーのために

Skit 2 : Fashion

- Do you care about the latest fashion trends?

- What do you mean?

- Well, do you read fashion magazines to keep up with seasonal trends like the high-end designer clothes in the fashion shows?

- No, not at all. I just go to my favorite department store to try on outfits and buy what I like. Usually, I buy what the sales person recommends.

- I see. What kind of clothes do you wear when you aren't at work?

- I like casual clothes like jeans and T-shirts. I rarely wear skirts outside of work.

- I prefer casual clothes too. I had a hard time buying formal wear for an overseas party the other day. I didn't know what to buy! David had to help me.

| 和 訳 | check! 1. ☐ 2. ☐ 3. ☐ 4. ☐ 5. ☐ |

最新のファッショントレンドが気になりますか？

どういう意味ですか？

つまり、ファッションショーで見る高級デザイナーの服のように、季節トレンドを追いかけるため、ファッション雑誌を読んだりしますか？

いいえ、まったく。自分が大好きなデパートに行って、洋服を試着して、気に入ったものを買います。普通、販売員が薦めるものを買います。

なるほど。仕事場にいないとき、どんな服を着るのですか？

ジーンズやTーシャツのような、カジュアルな洋服が好きです。仕事以外では、ほとんどスカートは履きませんね。

私もカジュアルな服のほうが好きです。先日、海外のパーティーのために、フォーマルな衣装を買わなくてはならなくて、大変な思いをしました。ディビットに手伝ってもらわなければなりませんでした。

★ Check!　類義語★
ここには、服を意味する単語が clothes・outfit・wear と3つ出てきます。日本語と同様に、英語もひとつのものをあらわすのに、さまざまな表現があります。ひとつの単語を自分のものにしてから、次に類義語を使って、関連させて覚えましょう。

Target words & sentences No.3

Art 芸術

1-51 ノーマル

21 museum [mjuːziˈəm] ミューズィアm
The museum is having a Van Gogh exhibit.

22 impressionist [impréʃənist] インプrェショニスt
Many people like impressionist paintings.

23 painting [peˈintiŋ] ペインティング
Whose painting is hanging in the reception area?

24 sculpture [skʌˈlptʃər] スカlプチャー
One of the most famous sculptures is Rodin's "The Thinker."

25 crowded [kraˈudid] クrァウディッd
Most places are so crowded on weekends.

26 theater [θiˈətər] thィアター
Celebrities like Brad Pitt were being interviewed as they entered the theater.

27 concert hall [kɑˈnsərt hɔːˈl] コンサーt ホーl
We have nice concert halls in Tokyo.

28 seat [siːˈt] スィーt
I like seats in the middle of the theater.

29 classical music [klæˈsikl mjuːˈzik] クラスィカl ミュージッk
Classical music is very relaxing.

30 reasonable [riːˈznəbl] rィーズナブl
I wish the ticket prices were more reasonable.

120

和訳

check! 1. □ 2. □ 3. □ 4. □ 5. □

21 博物館・美術館 名
美術館はゴッホ展をやっています。
その美術館は・持っている・ゴッホ展を

22 印象派 名
多くの人は、印象派の絵画が好きです。
多くの人は・好き・印象派・絵画

23 絵・絵画 名
受付にかかっているのは、誰の絵ですか？
誰の絵画が・かかっている・その受付エリアで？

24 彫刻 名
ロダンの「考える人」は、有名な彫刻のひとつです。
そのうちのひとつは・有名な彫刻たちの・＝・ロダンの・「考える人」

25 混雑した 形
週末は、ほとんどの場所がとても混んできます。
大部分の・場所は・＝・とても混んでいる・週末に

26 劇場 名
ブラッドピットのような有名人が、劇場に入ろうとするところでインタビューされていた。
有名人が・ブラッドピットのような・インタビューされていた・時・彼らが・入った・その劇場に

27 コンサートホール・演奏会場 名
東京には素敵なコンサートホールがある。
私たちは・持つ・素敵な・コンサートホールを・東京に

28 席 名
劇場の真ん中の席が好きです。
私は・好き・席・真ん中の・その劇場の

29 クラシック音楽 名
クラシック音楽はとてもリラックスできるものです。
クラシック音楽は・＝・とてもリラックスさせる

30 （値段が）そんなに高くない・手ごろな 形
チケットの値段がもっと手ごろなものだったらいいのに。
私は・願う・そのチケット値段が・＝・もっと・手ごろな

Skit 3 : Art

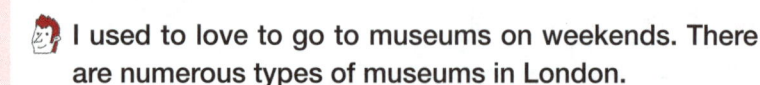

🧑 I used to love to go to museums on weekends. There are numerous types of museums in London.

👩 There are many nice ones in Tokyo, too. There are a number of museums with traditional Japanese art, impressionist paintings, sculptures and modern art. There are so many to choose from. Why don't you go?

🧑 As you know, on weekends those places are so crowded. I can't relax and enjoy the art.

👩 Oh! I can understand that.

🧑 I need to be able to immerse myself in the art to enjoy it.

👩 Hm. I would recommend that you take a day off during the week then. On weekends you can enjoy other arts, such as theater and music.

🧑 I suppose so. At least when I am in a concert hall, I can reserve a seat of my own. I love classical music. I feel as if I can become one with the music when I am listening to an orchestra live.

👩 Wow, you really are a fan! Too bad the tickets are really expensive.

🧑 They're much more reasonable in London.

和 訳

check! 1. ☐ 2. ☐ 3. ☐ 4. ☐ 5. ☐

週末に、美術館へ行くのが大好きでした。ロンドンには、さまざまな種類の美術館があります。

東京にもすてきなものがいっぱいありますよ。日本の伝統的美術、印象派の絵画、彫刻と現代美術などが展示されている美術館が数多くあります。選択肢はいっぱいありますよ。行ったらどうですか？

ご存知の通り、そういうところは週末すごく混んでいますよね。私はリラックスして美術を楽しむことができません。

ああ、それはわかります。

楽しむためには、美術に自分自身を没頭させる必要があるんです。

ふむ。それなら、平日にお休みを取ることをお勧めします。週末には、劇や音楽などほかの芸術が楽しめますよ。

そうかもしれませんね。少なくとも、コンサートホールにいるときは、自分だけの席を予約できます。私は、クラシック音楽が大好きです。オーケストラを生で聴いていると、音楽とひとつになったような気がします。

本当にファンなのですね。チケットが本当に高くて残念ですね。

ロンドンでは、もっと手ごろです。

Target words & sentences No.4

Relationships 恋愛関係

31. relationship [rile'iʃnʃi`p] rィレイションシッp
I have a relationship problem.

32. break up [bre'ik ʌ'p] ブrエik アッp
That famous actor broke up with his girlfriend.

33. ask out [æ'sk a'ut] アスk アウt
He asked someone from the office out.

34. awkward [ɔ':kwərd] オーkワード
It was a really awkward situation.

35. spouse [spa'uz] スパゥズ
Many people meet their spouses at work.

36. get to know [ge't tə ; no'u] ゲットゥノー
It is good to get to know each other before working together.

37. have (something) in common with [həv in kɑ'mən wə θ] ハv ィンコモンウィth
I have a lot in common with Bakabon.

38. divorce [divɔ':rs] ディvォース
He just got divorced last month.

39. ex-wife (husband) [e'ks wa'if / e'ks hʌ'zbənd] エクスワイf / エクスハズバンd
His ex-wife works in the same office.

40. wedding anniversary [we'diŋ ænivə':rsəri] ウェディング アニvァーサrィー
Don't forget your wedding anniversary!

| 和訳 | check! 1.☐ 2.☐ 3.☐ 4.☐ 5.☐ |

31 恋愛関係 名
恋愛問題を抱えています。
私は・持っている・恋愛問題を

32 (恋人などと) 別れる 動
有名な俳優が、彼のガールフレンドと別れました。
あの有名な俳優は・別れた・彼のガールフレンドと

33 (人を) デートなどに誘う 動
彼は、オフィスの誰かをデートに誘いました。
彼は・尋ねた・誰かを・そのオフィスから・外に

34 気まずい 形
本当に気まずい状況でした。
それは・＝・本当に・気まずい状況

35 配偶者 名
多くの人は仕事で配偶者と出会います。
多くの人は・会う・彼らの配偶者たちと・仕事で

36 知り合いになる 動
一緒に働く前にお互いに知り合いになるのは、いいことです。
それは・＝・いいこと・知り合うことは・お互いに・以前に・働く・一緒に

37 共通点がある 句
バカボンと私には、共通点がいっぱいあります。
私は・持つ・多くの・共通点を・バカボンと

38 離婚する 動
彼は先月離婚したばかりです。
彼は・離婚したばかり・先月に

39 元妻 (夫) 名
彼の元妻は、同じ部署で働いています。
彼の元妻は・働く・同じオフィスで

40 結婚記念日 名
自分の結婚記念日を忘れないようにしてくださいね。
Don't・忘れる・あなたの結婚記念日を

Skit 4 : Relationships

- What's wrong, Taro?

- I'm having a relationship problem.

- Oh no. I hope you are not breaking up with your girlfriend.

- To tell the truth, not having one is the problem. How can I meet people?

- You could ask someone out from the office.

- No. I don't think so. If I date someone in the office, it could create awkward situations.

- But I heard that in our company, most people met their spouses here at the office.

- That's true. It can be easier to get to know one another, if you have something in common. Unfortunately, being together too much can lead to divorce, like with Mr. Suzuki. His ex-wife told me that.

- I heard they got a divorce on their seventh wedding anniversary. Well, if you don't try, you'll never get a chance. I could set you up with someone.

- I might take you up on that!

和 訳

check! 1. ☐ 2. ☐ 3. ☐ 4. ☐ 5. ☐

太郎さんどうしたの？

ちょっと恋愛問題があって。

あらやだ。彼女と別れる、なんてことじゃないと良いのだけど。

正直な話、相手がいないことが問題なのです。どうしたら、だれかと出会えるでしょうか？

オフィスの人をデートに誘うことはできますよ。

いや、そう思いません。オフィスの人と付き合ったら、気まずい状態になることもありますし。

でも聞いたところによると、わが社ではほとんどの人が、結婚相手をオフィスで見つけたそうですよ。

それは本当ですね。共通の話題があれば、お互いを知ることはもっと簡単ですからね。残念ながら、鈴木さんのように一緒にいすぎるのも、離婚の原因になります。元奥さんが教えてくれました。

7年目の結婚記念日に離婚したって聞きました。でもやって見なければ、チャンスは来ませんよ。私が、だれかとのデートを設定しますよ。

それ、お願いするかもしれません！

Food 食べ物

41. ingredient [ingríːdiənt] イングrィーディエンt
I need to find ingredients for Indian curry.

42. dish [díʃ] ディッシュ
I am going to make Italian dishes.

43. spice [spáis] スパイス
Indian food requires a lot of spices.

44. whole wheat [hóul hwíːt] ホーlホゥィーt
Whole wheat is supposed to be good for your health.

45. organic [ɔːrgǽnik] オーガニック
I prefer organic food.

46. aisle [áil] アイl
Which aisle has dairy products?

47. deli [déli] デリ
You can buy salads, sandwiches and soups at the deli.

48. import [impɔ́ːrt] インポーt
We import a lot of wine.

49. frozen food [fróuzn fúːd] フrォーズンフーd
Items in the frozen food section are on sale for 50% off today.

50. by weight [bái wéit] バイ ウェイt
You can buy cheese by weight.

和訳

check! 1.□ 2.□ 3.□ 4.□ 5.□

41 材料 名
インドカレーの材料を見つける必要があります。
私は・必要とする・見つけることを・材料を・インドカレーのための

42 料理 名
イタリア料理を作ります。
私は・するつもり・作ることを・イタリア料理を

43 スパイス・香辛料 名
インド料理は、たくさんの香辛料が必要です。
インド料理は・必要とする・たくさんの香辛料を

44 全粒粉 名
全粒粉は健康に良いらしいです。
全粒粉は・らしい・良いこと・あなたの健康のために

45 オーガニック・有機栽培の 形
私は有機栽培の食べ物のほうがいいです。
私は・好む・有機栽培の食べ物を．

46 通路（スーパーなどの商品棚が置いてある通路） 名
乳製品があるのはどの通路ですか？
どの通路が・持つ・乳製品を？

47 デリ 名
サラダ、サンドイッチ、スープなどがデリで買えます。
あなたは・買える・サラダ・サンドイッチ・スープを・そのデリで

48 輸入する 動
ワインを大量に輸入しています。
私たちは・輸入している・大量のワインを

49 冷凍食品 名
冷凍食品売り場は、本日50％のセールです。
アイテムは・その冷凍食品売り場の・＝・セール中・50％オフ・今日

50 量で・目方で 副
チーズは量り売りで買えます。
あなたは・買える・チーズを・目方で

129

Skit 5 : Food

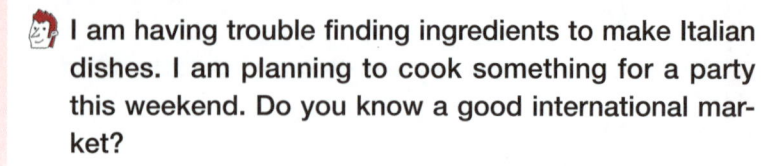

- I am having trouble finding ingredients to make Italian dishes. I am planning to cook something for a party this weekend. Do you know a good international market?

- I do, actually. I can take you there after work.

- I appreciate that. I can find dried spices, but fresh ones are hard to find. Would I be able to buy organic whole wheat pasta there too?

- They have a huge organic section, with at least two aisles, so it shouldn't be a problem. Their fresh produce section is amazing too. They even have a deli where you can buy salads, sandwiches and soups.

- That sounds wonderful.

- They also carry imported frozen foods from all over the world, as well as various cheeses that you can buy by weight.

- Now I can't wait to finish work and go shopping.

和訳　　　　　check! 1.☐ 2.☐ 3.☐ 4.☐ 5.☐

🧑 イタリア料理の材料を見つけるのに苦労をしています。今週末のパーティーのために、何か料理する予定です。世界の食材を取り扱っている良いお店を知りませんか？

👩 実は知っています。仕事が終わったら、お連れしますよ。

🧑 助かります。乾燥されたスパイスは見つけることができますが、新鮮なのは難しいです。そこでオーガニックの全粒粉パスタを買うことはできますか？

👩 そこには少なくとも2つ通路分のオーガニックの売り場があるので、問題はないはずです。生鮮食料品の売り場もすごいですよ。サラダ、サンドイッチ、スープが買えるデリもあります。

🧑 すごくよさそうですね。

👩 世界中から輸入された冷凍食品や、量り売りされているさまざまなチーズもあります。

🧑 仕事を終わらせて、ショッピングに行くのが待ちきれないです。

★ Check!　日本の食べ物の表現★
日本独特の食べ物は、Japanese horseradish（わさび）のように、頭にJapaneseを入れるか、seasoned and dried fish（干物）のように具体的に説明してみましょう。

Education 教育

51. elementary school [eˋləmeˈntəri skuːˈl] エレメンタㇼィ スクーl
Most people go to public elementary school.

52. junior high school [dʒuːˈnjər haˈi skuːˈl] ジューニァ ハイスクーl
I started to study English in junior high school.

53. test score [teˈst skɔːˈr] テstスコァー
My test scores were terrible in high school.

54. cram school [kræˈm skuːˈl] クㇻㇺスクーl
Many children go to cram schools in Japan.

55. drop out [drɑˈp aˈut] ドㇿォッpアゥt
I dropped out of college to be an actor.

56. thesis [θiːˈsis] thィースィス
I had to write a thesis in order to graduate.

57. pass [pæˈs] パス
I only had to pass a test.

58. midterm [mídtəːrm] ミッdターm
My midterm exam was very difficult.

59. credit [kreˈdit] クㇾディッt
I needed to earn enough credits.

60. senior [siːˈnjər] スィニィア
I am a senior in high school.

| 和 訳 | check! 1.☐ 2.☐ 3.☐ 4.☐ 5.☐ |

51 **小学校** 名
ほとんどの人が、公立小学校へ通います。
大部分の人が・行く・公立小学校へ

52 **中学校** 名
中学校で英語の勉強を始めました。
私は・始めた・勉強することを・英語を・中学校で

53 **テストの点数** 名
高校の時のテストの点はひどかったです。
私のテストの点は・=・ひどい・高校の時

54 **塾** 名
日本では多くの子供が塾へ通います。
多くの子供が・行く・塾へ・日本で

55 **退学・中退する** 動
役者になるために、大学を中退しました。
私は・中退した・大学を・役者になるために

56 **論文** 名
卒業するために、論文を書かなくてはなりませんでした。
私は・しなければならなかった・書くことを・論文を・卒業するために

57 **合格する** 動
テストさえ合格すればよかったです。
私は・しさえすればよかった・合格することを・テストに

58 **中間** 名
中間試験はとても難しかったです。
私の中間試験は・=・とても難しかった

59 **単位** 名
十分な単位を取得する必要がありました。
私は・必要としていた・取得することを・十分な単位を

60 **最高学年** 名
私は高校3年生です。
私は・=・最高学年・高校で

Target words & sentences No.6

Skit 6 : Education

🧑 Could you tell me more about the American school system?

👩 I don't think it is too different from Japan's. There are six years of elementary school, two years of junior high school and four years of high school.

🧑 When do you start preparing for college?

👩 Unlike Japan there aren't any entrance exams, but we have to take the SAT instead. However, our SAT scores aren't the only factor used to get into college. We need letters of recommendation from teachers as well as high grades. Plus they consider our extracurricular activities, and we have to write college application essays.

🧑 So you don't have cram schools or "ronin" students?

👩 No. You can start in one university and transfer to another one later. American universities; however, are harder to graduate from than Japanese ones. Many people drop out.

🧑 It's the opposite here in Japan. It's hard to get in, but easy to get out.

👩 I had to write a thesis paper and present it to my professors in order to graduate.

🧑 I only had to pass a midterm exam and earn enough credits by my senior year.

和訳

check! 1. ☐ 2. ☐ 3. ☐ 4. ☐ 5. ☐

🙍 アメリカの教育システムについて、もっと教えてくれませんか？

👩 そんなに日本と変わらないと思います。小学校が6年間、中学が2年間、高校が4年間です。

🙍 大学の準備は、いつから始めるのですか？

👩 日本と違い入学試験はありませんが、代わりに大学進学適性試験 (SAT) があります。ただ、自分の SAT の点数だけが、大学に合格するための要因ではありません。先生からの推薦状や、良い成績が必要です。加えて、学校外の活動も考慮に入れられるし、大学入学応募エッセイを書かなくてはなりません。

🙍 ということは、塾や浪人生はいないのですか？

👩 いないですね。ある大学に入ってから、後から別の大学に転入できます。でもアメリカの大学は、日本の大学より卒業が難しいです。多くの人が中退します。

🙍 ここ日本ではその逆です。入るのは大変ですが、出るのは簡単です。

👩 卒業するためには、論文を書いて教授にプレゼンテーションをしなくてはなりませんでした。

🙍 僕は、4年生のとき中間試験を合格して、必要な単位を獲得するだけでよかったです。

Household chores 家事

61. chores [tʃɔːrz] チョーズ
I hated doing household chores.

62. allowance [əlaˈuəns] アラウアンス
How much allowance did you get?

63. sweep [swiːp] スウィープ
Please sweep the floor.

64. polish [pɑˈliʃ] ポリッシュ
He had to polish his father's car.

65. utensil [juːteˈnsl] ユーテンスィル
Cooking utensils are sold in the kitchen goods section.

66. pass down from [pæs daˈun frəm] パスダウンフrɔm
They were passed down from my grandparents.

67. vacuum [væˈkjuəm] vアキューm
We really need to vacuum the living room.

68. mop [mɑːp] モップ
The waiter mopped the floor to clean up the spilled drink.

69. do the dishes [du ðə díʃiz] ドゥthアディッシズ
We do the dishes together.

70. take out the trash [teˈik aˈut ðə træʃ] テイカウtthアトゥrアッシュ
My husband takes out the trash in the morning.

| 和訳 | check! 1.☐ 2.☐ 3.☐ 4.☐ 5.☐ |

61 **(家などでの) 日常の雑用** 名
家事をするのが大嫌いでした。
私は・大嫌いだった・することを・家事を

62 **(子供などへの) お小遣い** 名
どれくらいのお小遣いをもらっていましたか？
どれくらいのお小遣いを・did・あなたは・もらう？

63 **掃除をする・掃く** 動
床を掃いてください。
お願い・掃く・その床を

64 **磨く** 動
彼は父親の車を磨かなくてはなりませんでした。
彼は・しなくてはならなかった・磨くことを・彼の父の車を

65 **用具・器具** 名
調理器具は、台所用品売り場で売られています。
調理器具は・売られている・台所用品売り場で

66 **伝わる・受け継がれる** 動
これらは祖父母から受け継がれたものです。
これらは・受け継がれた・祖父母から

67 **掃除機をかける** 動
居間に掃除機を本当にかける必要があります。
私たちは・本当に必要とする・掃除機をかけることを・その居間に

68 **モップで掃除をする** 動
ウェイターはこぼれた飲み物をきれいにするために、床にモップをかけた。
そのウェイターは・モップをかけた・その床に・きれいにするために・そのこぼれたドリンクを

69 **皿を洗う** 動
私たちは、一緒に皿洗いをします。
私たちは・皿洗いをする・一緒に

70 **ごみを出す** 動
夫が朝、ごみを出します。
私の夫が・出す・ごみを・朝に

Skit 7 : Household chores

🙎‍♀️ Did you have to help with the chores to earn your allowance when you were a child?

🙎‍♂️ Yes I did. My responsibilities were to dry the dishes and sweep the second floor of the house. I also had to polish the silver once a year with my father.

🙎‍♀️ Silver?

🙎‍♂️ Yes. Eating utensils such as forks, spoons and tea sets made from silver. They were passed down from my great grandparents. So what about you?

🙎‍♀️ I had to vacuum or mop the floor once a week and do the dishes every day. My brother had to take out the trash and clean the bath tub.

🙎‍♂️ I think you got the harder chores, maybe because you're the older sister?

🙎‍♀️ Probably because I was a girl and older.

和 訳　　　　　　　　check! 1.☐ 2.☐ 3.☐ 4.☐ 5.☐

🧑‍🦰 子供のころ、お小遣いをもらうために家事の手伝いをしましたか？

👨 はい、しました。私の責任は、皿を乾かすことと２階をほうきで掃くことでした。それから、父と年に一回銀食器を磨かなくてはなりませんでした。

🧑‍🦰 銀食器？

👨 はい。銀でできたフォーク、スプーン、紅茶セットなどの食器です。ひいおじいさんから伝わるものです。あなたはどうでしたか？

🧑‍🦰 わたしは、週に一回床に掃除機かモップをかけるのと、毎日皿洗いをしなくてはなりませんでした。弟は、ごみを捨てて、お風呂を掃除しなくてはなりませんでした。

👨 君のほうが大変な仕事をもらったと思うよ。お姉さんだからかな。

🧑‍🦰 そうですね、たぶん私が女の子で年上だったからでしょう。

Target words & sentences No.8

Getting sick 病気になる

71 **cough** [kɔːf] コーf
He was coughing really hard.

72 **catch a cold** [kæˈtʃ ə ; kóuld] キャッチャコールd
Wear something warm, so you won't catch a cold.

73 **fever** [fíːvər] フィーvァー
My child had a fever.

74 **symptom** [síˈmptəm] スィムプトm
The symptoms are caused by an infection.

75 **headache** [héˈdeˌik] ヘッデイk
I have a terrible headache.

76 **sore throat** [sɔːr θ roʊt] ソアthrオゥt
Do you have something to soothe a sore throat?

77 **flu** [fluː] フルゥー
What are the symptoms of this flu?

78 **be going around** [bi ; góuiŋ əraˈund] ビーゴウィング アrァウンd
Stomach flu is going around the schools in the area.

79 **take (a day, afternoon, morning) off** [téˈik ə déˈi ɔːf] テイカデーオf
I recommend that you take a day off and rest.

80 **fluid** [flúːid] フルーイd
When you have a cold, you should drink lots of fluids.

和訳

check! 1. ☐ 2. ☐ 3. ☐ 4. ☐ 5. ☐

71 **咳をする** 動
彼は、激しく咳をしていました。
彼は・咳をしていた・本当に・激しく

72 **風邪を引く** 動
風邪を引かないように、何か暖かいものを着てください。
着る・何か暖かいものを・だから・あなたは・風邪を引かないだろう

73 **熱** 名
私の子供は、熱がありました。
私の子供は・持った・熱を

74 **症状** 名
この症状の原因は感染です。
この症状は・引き起こされた・感染によって

75 **頭痛** 名
私はひどい頭痛持ちです。
私は・持つ・ひどい頭痛を

76 **咽喉炎・のどが痛い** 名
のどの痛みを抑えるものは、何かありますか？
Do・あなたは・もつ・何か・和らげるための・のどの痛みを？

77 **インフルエンザ** 名
このインフルエンザの症状はなんですか？
何・＝・その症状・このインフルエンザの？

78 **流行っている** 句
この付近の学校では、ウイルス性胃腸炎が流行っています。
ウイルス性胃腸炎が・流行っている・その学校で・この付近の

79 **お休みを取る** 動
一日休んで、体を休めることを勧めます。
私は・勧める・that・あなたが・一日休む・そして・体を休める

80 **液体・水分** 名
風邪を引いているときは、十分に水分を飲むべきです。
時・あなたが・持つ・風邪、あなたは・飲むべき・たくさんの・液体を

Skit 8 : Getting Sick

- I heard you coughing. Are you feeling okay?

- I think I might have caught a cold.

- That's not good. Do you have a fever? Do you have any other symptoms?

- I don't know. I have a headache and a sore throat.

- I heard there is a nasty flu going around. You should take the afternoon off and go to a doctor. Make sure you drink plenty of fluids and get some rest.

- Thank you. I think I will do that.

和訳

check! 1. ☐ 2. ☐ 3. ☐ 4. ☐ 5. ☐

咳をしているのが聞こえました。具合は大丈夫ですか？

風邪を引いたかもしれません。

それはよくないですねえ。熱はありますか？ どんな症状ですか？

わかりません。頭痛がして、のども痛いです。

ひどいインフルエンザがはやっているって聞きました。午後お休みをとって、医者に行くべきです。水分をたくさんとって、体を休めてください。

ありがとう。そうさせてもらいます。

★ Check! 体の不調の表現★
体の不調の表現は重要です。特に海外で具合が悪くなったときに、自分がどんな状態であるか説明できないと困ります。良くある病気、持病や薬などは調べておきましょう。

History 歴史

81 history buff [hi'stəri bʌ'] ヒストrィー バf
He is a history buff and collects antique armor.

82 castle [kæ'sl] キャッスl
There is a beautiful castle in Hyogo.

83 ruin [ru':in] rゥーイン
You can see the ruins from here.

84 period [pi'əriəd] ピリオd
The Meiji period was from 1868 to 1912.

85 feudal [fju':dl] フューダl
Many countries experienced a feudal period in the past.

86 military commander [mi'ləte`ri kəmæ'ndər] ミリタリーコマンダー
Oda Nobunaga was a famous military commander.

87 warrior [wɔ':riər] ウォーリア
Japanese warriors were called "bushi."

88 period drama [pi'əriəd drɑ':mə] ピリオdドゥrァマ
Jane Austin novels are often used as the setting for period dramas.

89 ancient [e'inʃnt] エインシェンt
Ancient Roman's roads still exist in Europe.

90 significant [signi'fikənt] sィグニフィカンt
There are many historically significant sites in Egypt.

和訳

check! 1. ☐ 2. ☐ 3. ☐ 4. ☐ 5. ☐

81. 歴史マニア 名
彼は歴史マニアで骨董品のよろいを集めています。
彼は・=・歴史マニア・そして・集める・骨董品のよろいを

82. 城 名
兵庫には美しい城があります。
There is・美しい城・兵庫に

83. 遺跡・廃墟 名
ここから、遺跡が見えます。
あなたは・見ることができる・その遺跡を・ここから

84. 時代 名
明治時代は1868年から1912年までです。
明治時代は・=・1868年から・1912年まで

85. 封建主義の・封建的 形
多くの国が、過去に封建的な時代を経験しました。
多くの国が・経験した・封建的な時代を・過去に

86. 武将 名
織田信長は、有名な武将です。
織田信長は・=・有名な武将

87. 武人・兵士・軍人 名
日本の武人は、武士と呼ばれました。
日本の武人は・呼ばれた・武士と

88. 時代ドラマ 名
ジェーン・オースティンの小説は、時代ドラマの原作としてよく使われています。
ジェーン・オースティンの小説は・よく使用されている・原作として・時代ドラマの

89. 古代の 形
古代ローマの道は、ヨーロッパでまだ存在しています。
古代ローマの道は・まだ・存在する・ヨーロッパで

90. 重要な・意義のある 形
エジプトには、歴史的に意義のある遺跡が数多くあります。
There are・多くの・歴史的に意義のある場所・エジプトに

Skit 9 : History

🧑 I heard there are female history buffs called "rekijo" in Japan. Is that true?

👩 Yes. They love Japanese history and regularly visit historical sites such as castles and ruins. It seems that the Sengoku period is one of the more popular eras with women.

🧑 I wonder why?

👩 Sengoku, which can be translated as "Age of Civil Wars," is an era from 1467 to 1615. Many famous feudal military commanders, like Oda Nobunaga, fought against one another during that time.

🧑 So it's the romance of the warrior culture that attracts women?

👩 It might be. There are many history buffs in the UK too, aren't there?

🧑 Yes. There are a lot of period dramas based on the Regency era. No warriors, though we have plenty of gentlemen.

👩 You also have many historical sites. I went to a place in London where the ancient Roman roads still exists. It was amazing.

🧑 I have to take you to Wales someday and show you the historically significant sites there.

和 訳

check! 1.□ 2.□ 3.□ 4.□ 5.□

🧑 「歴女」っていう、女性の歴史マニアが日本にいるってききました。それは本当ですか？

👩 はい。日本史が大好きで、城や遺跡を定期的に訪ねるようです。女性にとって、戦国時代はほかの時代より人気がある時代の1つのようです。

🧑 なぜですか？

👩 「内乱の時代」と翻訳される戦国時代は、1467年から1615年の間です。その時代、織田信長のような多くの有名な武将たちが互いに戦いました。

🧑 とすると、女性は武将文化のロマンスにひきつけられているということですか？

👩 そうかもしれません。英国にも多くの歴史マニアがいますよね。

🧑 そうです。摂政時代を基にしたドラマが数多く作られています。武将はいません、紳士ならたくさんいますが。

👩 それからたくさんの史跡がありますよね。ロンドンで、古代ローマの道がまだ残っているところに行きました。すばらしかったです。

🧑 いつか君をウェールズに連れて行って、歴史的に重要な遺跡を見せてあげなくてはいけませんね。

Target words & sentences No.10

Law 法律

2-1 ノーマル

trial [tra'iəl] t r アイア l
91. I saw news of the trial on TV.

judge [dʒʌ'dʒ] ジャッジ
92. The judge looked very serious.

criminal [kri'minl] ク r ィミナ l
93. He studied criminal law.

murder [məː'rdər] マーダー
94. Sherlock Holmes solved murder mysteries.

death penalty [de'θ pe'nəlti] デ th ペナルティー
95. The death penalty is a hot debate topic.

guilty [gi'lti] ギ l ティー
96. He is innocent until proven guilty.

lawyer [lɔː'jər] ロィヤー
97. There are many lawyer jokes in America.

testify [te'stəfa`i] テスティファイ
98. I need to testify in a court case.

witness [wi'tnəs] ウィッ t ネス
99. My sister testified as a witness of a car accident.

verdict [vəː'rdikt] v ァーディク t
100. The verdict for the insurance fraud was announced.

	和訳	check! 1.□ 2.□ 3.□ 4.□ 5.□

91 裁判 名
テレビで裁判のニュースを見ました。
私は・見た・ニュースを・その裁判の・テレビで

92 裁判官 名
裁判官は、とても厳粛に見えました。
その裁判官は・見えた・とても厳粛に

93 犯罪の 形
彼は、刑事法を学びました。
彼は・学んだ・刑事法を

94 殺人 名
シャーロック・ホームズは、殺人ミステリーを解決しました。
シャーロック・ホームズは・解決した・殺人ミステリーを

95 死刑 名
死刑は、熱い討論テーマです。
その死刑は・=・熱い・討論テーマだ

96 有罪の 形
彼は、有罪と証明されるまで無実です。
彼は・=・無実・証明されるまで・有罪と

97 弁護士 名
アメリカには、弁護士のジョークがたくさんあります。
There are・たくさんの・弁護士のジョーク・アメリカに

98 証言する 動
裁判事件で証言する必要があります。
私は・必要とする・証言することを・裁判事件で

99 目撃者 名
私の妹は、自動車事故の目撃者として証言しました。
私の妹は・証言した・目撃者として・自動車事故の

100 判決 名
保険詐欺の判決が宣告されました。
その判決が・保険詐欺の・宣告された

Skit 10 : Law

🔴 Did Japan recently start trials by jury?

🔴 Yes. The system was introduced in 2009. It's called "Saibanin Seido," a citizen judge system.

🔴 Have you ever been chosen as a judge?

🔴 No, I haven't. If I ever do, I hope I don't have to judge a criminal case involving murder.

🔴 I hope not! I know Japan has the death penalty.

🔴 We do. I don't know if I could find a person guilty or not. It's not like the TV dramas I watch. Have you done any jury duty?

🔴 I have. It was just a dispute over a parking space, so it wasn't bad. I also testified once as a witness for a car accident case.

🔴 I will be more careful when listening to the details and verdicts of trial cases, so that I will be better prepared if I am chosen.

和訳

check! 1.☐ 2.☐ 3.☐ 4.☐ 5.☐

 日本は最近裁判員制度を開始しましたか？

 そうです。2009年に制度が導入されました。「裁判員制度」と呼ばれる市民裁判制度です。

 裁判員をしたことがありますか？

 いいえありません。もしすることになったら、殺人がらみの犯罪事件を裁かないことを祈ります。

 そう願います！ 日本は死刑がありますよね。

 そうです。人に罪があるかどうか、自分が判断できるかわかりません。私が見ているようなテレビドラマとは違いますからね。陪審員を務めたことはありますか？

 あります。駐車場に関しての争いでしたから、それほどたいしたことはありませんでした。自動車事故の目撃者として、証言をしたこともあります。

 自分が選ばれたときにきちんと対応できるように、テレビなどで裁判の詳細や採決を視聴するときは、もっと注意を向けます。

Target words & sentences No.11

Economy 経済

101 economic forecast
[e`kəna'mik fɔ':rkæst] エコ**ナ**ミック **f**ォーキャスt
The economic forecast was announced yesterday.

102 value
[væ'lju:] **v**ァリュー
The value of the yen has changed drastically in the past 20 years.

103 multinational
[mʌ'ltai- næʃənl] マルティ**ナ**ショナl
I work for a multinational company.

104 foreign exchange
[fɔ':rən ikstʃe'indʒ] フォーrィン エクス**チ**ェンジ
We need to keep up with the foreign exchange rate.

105 revenue
[re'vənju`:] **r**ェヴェニュー
There was a 10% increase in revenue this year.

106 profit
[prɑ'fət] プ**r**ォフィッt
Our company made a large profit from a new product this year.

107 recession
[rise'ʃen] **r**ィ**セ**ッション
We are recovering from the recession.

108 inflation
[infle'iʃən] インフ**レ**ーション
The inflation rate rose to 10 % this month.

109 downturn
[da'untə':rn] ダウン**タ**ーn
There had been a downturn in car sales since last year.

110 trade deficit
[tre'id de'fəsit] ト**r**ェイd **デ**フィスィッt
We have a trade deficit for the first time in years.

和訳

check! 1. □ 2. □ 3. □ 4. □ 5. □

101 **景気予測** 名
昨日、景気予測が発表されました。
その景気予測は・発表された・昨日

102 **価値** 名
円の価値は、過去20年で急激に変わりました。
その価値は・円の・変わってきた・急激に・過去２０年で

103 **多国籍の** 形
私は多国籍企業で働いています。
私は・働く・多国籍企業で

104 **外国為替** 名
私たちは、外国為替相場に注意を向け続けなければなりません。
私たちは・ついていかなければならない・その外国為替相場に

105 **収入** 名
今年、収入が10%増加しました。
There was・10%の収入増・今年

106 **利益** 名
わが社は、今年新商品により、大きな利益をあげました。
わが社は・作った・大きな利益・新商品から・今年

107 **不景気・不況** 名
私たちは、不況から回復しているところです。
私たちは・回復しつつある・その不況から

108 **インフレーション・インフレ** 名
今月インフレ率が10%まで上昇しました。
そのインフレ率が・上がった・10%まで・今月

109 **下降・減少（経済などの）悪化・沈滞** 名
昨年から、車両の売り上げが下降してきています。
There・下降してきた・車両の売り上げで・昨年から

110 **貿易赤字** 名
数年ぶりに初めての貿易赤字になりました。
私たちは・持っている・貿易赤字を・初めて・長い間で

Skit 11 : Economy

🧑 The economic forecast for the next three months was announced yesterday. It seems that the value of the yen against the dollar will go down about one yen or so.

👩 For huge multinational corporations, these small changes in foreign exchange rates make a big difference in their revenue. It's said that some companies will see more than a 10 billion yen difference in profit.

🧑 That's a lot of money. I hope there will be an increase in profit and we won't go further into recession.

👩 I don't know. I heard the inflation rate might go up to as high as three percent this year.

🧑 We haven't completely recovered from the economic downturn yet, and now we have a trade deficit for the first time in decades. All of us should learn not only about Japan's economy, but also how economies work worldwide.

👩 Yes. It's never too late to study and develop a broader perspective. Let's work on that together!

和訳   check! 1. ☐ 2. ☐ 3. ☐ 4. ☐ 5. ☐

昨日3ヶ月先の経済予測が発表されました。ドルに対して、1円の円安になるようです。

大手多国籍の企業にとって、こうした小さな外国為替の変化は、大きな収入の差になります。会社によっては、利益に100億円以上の違いが出るそうです。

それはすごい金額ですね。利益が増加して、これ以上景気後退が進まないことを祈ります。

わかりませんね。聞いたところによると、インフレ率は今年3％にまで上がるかもしれないそうです。

まだ経済不況から完全に立ち上がっていません。また、今日数十年ぶりに貿易赤字になりました。日本の経済だけなく、世界経済がどのように機能しているか、私たち全員が学ぶべきですね。

そうですね。勉強して、広い視野を育てるのに遅すぎることはありません。一緒に取り組みましょう！

★ Check! 経済用語★

一般的な新聞に記載されている、経済に関連した単語はわかるようにしておきましょう。会社の年次報告書の日本語版と英語版を比べて参照すると、企業で一般的に使われる関連用語を拾うことができます。または、四半期や年度末に企業の事業結果がニュースになりますから、ネットなどで英字新聞と日本語の新聞の記事などを比べてみましょう。

Target words & sentences No.12

Politics 政治

111 Prime Minister [praɪm mɪˈnəstər] プrァイm ミニスター
The new Prime Minister lasted only two months.

112 elect [eleˈkt] エレクt
We need to elect a strong leader.

113 Diet [daɪˈət] ダイエッt
The U.S. President addressed the Diet.

114 policy [pɑˈləsi] ポリスィー
The new policy is supposed to help with the economy.

115 government bureaucrats [gʌˈvərnmənt bjuˈərəkræts] ガvァメンt ビューロクラッツ
The government bureaucrats have a lot of power.

116 elected official [ɪléktɪd əfɪˈʃl] エレクテッd オフィシャl
This is a list of elected officials serving Yokohama.

117 elite [ɪliˈːt] エリート
Government bureaucrats are considered to be elites.

118 pursue [pərsjuˈː] パースゥ
They pursue careers in the government.

119 career track [kəriˈər træˈk] カrィアt rァッk
My parents always told me to get on that career track.

120 politician [pɑˌləˈtɪʃn] ポリティシャン
You can never trust a politician.

和訳　　　check! 1.☐ 2.☐ 3.☐ 4.☐ 5.☐

111 首相 名
新しい首相は、わずか２ヶ月しか続きませんでした。
その新しい首相は・続いた・たったの２ヶ月

112 選ぶ・選出する 動
私たちは、強いリーダーを選ぶ必要があります。
私たちは・必要とする・選ぶことを・強いリーダーを

113 国会・議会 名
米国大統領が、議会で演説をしました。
その米国大統領は・演説した・議会で

114 方針・政策 名
新しい政策は、経済を支援するはずです。
その新しい政策は・するはず・支援することを・その経済を

115 官僚 名
官僚は、多大な力を持っています。
その官僚たちは・持つ・多大な力を

116 選出議員 名
これは横浜市会議員選出のリストです。
これは・＝・リスト・選出議員の・仕える・横浜市に

117 エリート 名
官僚は、エリートと考えられています。
官僚は・考えられている・エリートとして

118 たどる・進む 動
彼らは、政府でのキャリアを積みます。
彼らは・進める・キャリアを・その政府で

119 出世コース 名
いつも両親は私に、あの出世コースに乗るように言っていました。
私の両親は・常に・伝えた・私に・乗るように・あの出世コースへ

120 政治家 名
政治家は絶対に信用できません。
あなたは・絶対に信用できない・政治家を

Skit 12 : Politics

🙂 At the top of the Japanese government are the Prime Minister and other elected members of the Diet. Unlike the United States, our governmental policy doesn't really change when the top of the government changes.

🙂 Do you know why? Doesn't the Prime Minister have power? Our Prime Minister has a huge influence in policy making.

🙂 That's because government bureaucrats hold the real power behind the elected officials.

🙂 That's interesting. I suppose they don't change as often as your Prime Minister does.

🙂 No. They are the government elites and pursue long careers starting fresh out of school. If you get on that career track, you are basically set for life.

🙂 Are they mostly men?

🙂 You know what? I don't know. I should check that out. I know for sure we have a very low number of female politicians compared to other developed countries.

和訳

check! 1. ☐ 2. ☐ 3. ☐ 4. ☐ 5. ☐

🧑‍🦰 日本の政府トップには、首相と、他に選出された閣僚がいます。アメリカと違って、政府トップが替わっても、政策はあまり変わりません。

👦 なぜだかわかりますか？ 首相には実権がないのですか？ 私の国の首相は、政策策定にかなり大きな影響力を持っていますよ。

🧑‍🦰 それは、選出議員の裏で、官僚が実権を握っているからです。

👦 興味深いですね。首相のように、彼らは頻繁に替わらないということですね。

🧑‍🦰 そうです。彼らは政府のエリートで、学校を卒業してすぐに長いキャリアを開始します。その出世コースに乗ってしまえば、基本的に一生安泰です。

👦 ほとんど男性ですか？

🧑‍🦰 わかりません。それを調べるべきですね。他の先進国よりも、確実に女性の政治家の数が非常に少ないことは知っています。

★ Check! 政治関連用語 ★
新聞に記載されている政治関連用語は、わかるようにしておきましょう。大きな政治的なニュースがあったときは、英字新聞と日本語の新聞の記事などを比べましょう。同じニュースでも、海外と日本での扱い方に何か違いが見つかるかもしれません。

Target words & sentences No.13

Religion 宗教

2-10 ノーマル

121 religion [rili'dʒən] rィリジョン
What is the main religion in Thailand?

122 Buddhism [budizm] ブディズm
Buddhism came to Japan through China.

123 Shinto [ʃíntou] シントゥ
Shinto is the traditional religion of Japan.

124 funeral [fjuːnərəl] フューネラl
Have you ever been to a Japanese funeral?

125 atheist [eˈi θ iist] エイthィエスt
I am an atheist so I don't believe in God.

126 Jewish [dʒúːiʃ] ジューイッシュ
Mr. Goldman is Jewish, but not very religious.

127 strict [striˈkt] ストゥrィクt
He is very strict about following rules.

128 temple [teˈmpl] テンプl
I go to temple every week.

129 Christian [kriˈstʃən] クrィスチャン
Christians believe that Jesus Christ is the son of God.

130 Muslim [mʌˈzləm] マズリm
Muslim people are not supposed to drink alcohol.

和訳

check! 1.□ 2.□ 3.□ 4.□ 5.□

---

121 **宗教** 名
タイの主な宗教は何ですか？
何・=・その主な宗教・タイの？

122 **仏教** 名
仏教は中国から日本へ来ました。
仏教は・来た・日本へ・中国を通って

123 **神道** 名
神道は、日本の伝統的な宗教です。
神道は・=・その伝統的な宗教・日本の

124 **葬式** 名
日本のお葬式に行ったことはありますか？
Have・あなたは・行った・日本のお葬式へ？

125 **無神論者** 名
私は無神論者なので、神（の存在）を信じません。
私は・=・無神論者・なので・私は・信じない・神を

126 **ユダヤ人** 名
ゴールドマンさんはユダヤ人ですが、あまり熱心な信者ではありません。
ゴールドマンさんは・=・ユダヤ人・でも・あまりそうでない・宗教的に熱心な

127 **厳しい** 形
彼は決め事を守ることに、とても厳しいです。
彼は・=・大変厳しい・守ることに・決め事を

128 **寺院** 名
私は、毎週寺院へ行きます。
私は・行く・寺院へ・毎週

129 **キリスト教徒** 名
キリスト教徒は、イエス・キリストが神の子であると信じています。
キリスト教徒は・信じる・that・イエス・キリストは・=・その息子・神の

130 **イスラム教徒** 名
イスラム教徒は、アルコールを飲まないことになっています。
イスラム教徒は・しないことになっている・アルコールを飲むことを

Skit 13 : Religion

🧑‍🦰 What would you say is the main religion in Japan?

👨 I think it's mostly Buddhism, but we have very flexible views on religion. For instance, we will go to a Shinto shrine to celebrate the birth of a baby and when a child turns three, five and seven. Some people get married in a Christian church, and most people have a Buddhist style funeral.

🧑‍🦰 That's fascinating! Japanese aren't atheists?

👨 No. I think religion is so deeply integrated into our customs now that we don't really think about it as "religion." How about you?

🧑‍🦰 I am Jewish, and although I am not a strict Jew, I try to follow my religion as much as possible.

👨 For example?

🧑‍🦰 Well, I try to go to services whenever I have time. My parents are stricter. They don't eat meat unless it is treated in a certain way.

👨 I was brought up in a Christian home, so I went to church, but I was never baptized. My parents thought it should be my choice. I only go to church on Christmas and Easter. You know, I have a friend who is a Muslim, which is very rare in Japan.

和訳

check! 1. ☐ 2. ☐ 3. ☐ 4. ☐ 5. ☐

- 日本での主な宗教は、何だと思いますか？

- 大部分仏教だとは思いますが、宗教に対して私たちはかなり柔軟な考えを持っています。例えば赤ん坊が生まれたときや、子供が３歳、５歳、７歳になったときは神社に行って祝います。キリスト教の教会で結婚する人もいますし、ほとんどの人が仏式のお葬式をします。

- それは興味ありますね。日本人は無神論者ではないのですか？

- いいえ。私たちの習慣に宗教は深く根付いているので、それを「宗教」として改めて考えたりしないのだと思います。そちらは？

- 私はユダヤ人です。厳格なユダヤ人ではありませんが、できる限り自分の宗教に従うようにしています。

- たとえば？

- 時間がある限り集会に行きます。両親はもっと厳格です。特別な処理をされた肉でない限り食べません。

- 僕はキリスト教の家で育ち教会に行きましたが、洗礼は受けていません。両親は、私自身で選ぶべきと考えてました。クリスマスとイースターにだけ教会に行きます。そういえば、日本では珍しいイスラム教徒の友人がいます。

Language 言語

131 **Mandarin Chinese** [mæ'ndərin tʃainíːz] マンダrィンチャイニーズ
People in Beijing speak Mandarin Chinese.

132 **grammar** [græ'mər] グrァマー
German grammar seems really complicated.

133 **vocabulary** [voukæ'bjəle`ri] vォキャビュラrィー
I need to increase my vocabulary.

134 **colloquial** [kəlo'ukwiəl] コロゥキアl
It is very hard to understand colloquial language.

135 **accent** [æ'ksent] アクセンt
He has an Australian accent.

136 **textbook** [te'kstbu`k] テキストブッk
I hope you find a good textbook for your language studies.

137 **appropriate** [əpro'upriət] アプrォウプrィエッt
It is necessary to learn appropriate language for business situations.

138 **speech pattern** [spiːtʃ pæ'tərn] スピーチパターn
Male and female speech patterns are very distinctive in Japan.

139 **pronunciation** [prənʌnsie'iʃən] プロナンスィエイション
Some of the pronunciations are very difficult.

140 **intonation** [i`ntəne'iʃən] インタネイション
You need to listen carefully to learn the intonation.

和訳

check! 1.□ 2.□ 3.□ 4.□ 5.□

131 北京語・中国標準語 名
北京の人は、北京語を話します。
人は・北京の・話す・北京語を

132 文法 名
ドイツ語の文法はとても複雑そうです。
ドイツ語の文法・見える・本当に・複雑な

133 語彙 名
私は、語彙を増やす必要があります。
私は・必要とする・増やすことを・私の語彙を

134 口語・話し言葉の 形
口語を理解するのは、とても難しいです。
それは・＝・とても難しい・理解することを・口語を

135 アクセント 名
彼には、オーストラリアのアクセントがあります。
彼は・持つ・オーストラリアのアクセントを

136 教科書 名
語学の勉強のための良い教科書が、見つかることを祈っています。
私は・願う・あなたが・見つける・良い教科書を・あなたの語学のための

137 適切な・ふさわしい 形
ビジネス状況にふさわしい言葉を、学ぶことが必要です。
それは・＝・必要な・学ぶことは・ふさわしい言葉を・ビジネスのために

138 話し方・言葉遣い 名
日本では、女性と男性の話し方が大変特徴的です。
女性と男性の話し方は・＝・大変特徴的だ・日本では

139 発音 名
発音のいくつかは、とても難しいです。
いくつかの発音は・＝・とても難しい

140 イントネーション・抑揚 名
イントネーションに気をつけて聞く必要があります。
あなたは・必要とする・聞くことを・気をつけて・学ぶために・そのイントネーションを

Skit 14 : Language

🧑 Ikuyo-san, do you speak any other languages besides English and Japanese?

👩 I speak French and Mandarin Chinese a little bit. I learned French in school and have a pretty good grasp of grammar and basic vocabulary.

🧑 What about your Chinese?

👩 I learned it from my friend, so my Chinese is very colloquial and I was told I had a Beijing accent! I need to study it using a proper textbook. I also need to learn language more appropriate for business situations.

🧑 Well, it's like my Japanese. As you know, I have an Osaka accent, with a little bit of female speech pattern.

👩 I like your accent! Your pronunciation is very good and your intonation is perfect.

🧑 Thank you very much. Would you teach me some Chinese when you have time? I want to be able to introduce myself.

👩 No problem!

| 和　訳 | check! 1. ☐ 2. ☐ 3. ☐ 4. ☐ 5. ☐ |

育代さんは、英語と日本語以外の言葉を話せますか？

フランス語と北京語を少し話せます。フランス語は学校で習ったので、文法と基本単語は結構しっかりしています。

中国語はどうですか？

友人から習ったので、中国語はすごく口語で、北京のアクセントがあると言われたことがあります。きちんとしたテキストを使って、中国語を勉強する必要があります。それから、ビジネスにふさわしい言葉を習う必要があります。

まあそれは私の日本語みたいなものですよね。ご存じのとおり、私にはちょっと女言葉の入った大阪なまりがありますから。

あなたのなまりは好きですよ！　発音がとてもいいし、抑揚が完璧です。

ありがとう。時間があるときに中国語を教えてくれませんか？自己紹介ができるようになりたいです。

もちろん！

★ Check!　世界中のさまざまな英語★

英語を母国語とする国では、それぞれ特徴のある英語を話します。私たち日本人に馴染み深いのは、北米のアメリカ・カナダ英語です。英語が生まれたイギリスでは、イギリス国内のアクセントでどんな生まれなのか、高等教育の有無までがわかるといいます。また、母国語ではなくても、公用語として使用している国では、独特の英語が発達しています。有名な、シンガポールの singlish などは、英語でも文の終わりに、la（ラ）をつけます。日本のカタカナ英語も、話し言葉のひとつのスタイルとして認識される日が来るかもしれません。

Culture 文化

141 cultural [kʌ'ltʃərəl] カルチュアル
It is important to know the cultural differences when traveling abroad.

142 gender [dʒe'ndər] ジェンダー
Japan has strict gender roles.

143 individuality [ìndəvìdʒuǽləti] インディビジュアリティー
We are a society that values individuality.

144 feminine [fe'mənin] フェミニン
Those gestures are considered feminine.

145 masculine [mæ'skjələn] マスキュリン
Which car model do you think is the most masculine?

146 role [ro'ul] rオーl
Each person has a role to play in society.

147 expect [ekspe'kt] エクスペクt
Japanese women are expected to speak with a feminine speech pattern.

148 definite [de'fənət] デフィニッt
There is a definite possibility that you will be transferred to the U.S.

149 conform [kənfɔ':rm] コンフォーm
The facts conform to the popular opinion.

150 anthropology [æ̀n θ rəpɑ'lədʒi] アンthрォrォポロジー
Anthropology was my major in college.

和訳		check! 1.□ 2.□ 3.□ 4.□ 5.□

141	**文化の** 形 海外を旅する時には、文化の違いを知っておくことは重要です。 それは・=・重要・知ることが・その文化的違いを・時・海外旅行をしている
142	**ジェンダー・(社会的・文化的) 性** 名 日本には、厳しいジェンダーの役割がある。 日本は・持つ・厳しいジェンダーの役割を
143	**個性・個人主義** 名 私たちの社会は、個性を重視しています。 私たちは・=・社会・that・重視する・個性を
144	**女らしい** 形 それらのしぐさは、女らしいと考えられています。 それらのしぐさは・考えられる・女らしいと
145	**男らしい** 形 どの車のモデルが、最も男性的なデザインだと思いますか？ どの車のモデルが・do・あなたは・考える・=・最も男らしい？
146	**役・役割** 名 人それぞれ社会で果たす役割があります。 各人は・持つ・役割を・社会で果たす
147	**期待する** 動 日本の女性は、女性らしい話し方で話すことを、期待されています。 日本の女性は・期待されている・話すことを・女性らしい話し方で
148	**はっきりと限定された・決定的な** 形 米国へ異動になる可能性が、かなり高いです。 There is・かなり高い可能性・that・あなたは・異動になるだろう・米国へ
149	**従う・あわせる** 動 事実は、世論と一致しています。 その事実は・従っている・世論に
150	**文化人類学・人類学** 名 文化人類学が、大学での専攻でした。 文化人類学が・=・私の専攻だった・大学で

Skit 15 : Culture

- What was the biggest cultural difference you felt when you were in America?

- I think it is how we understand gender and individuality.

- Do you mean like being feminine and masculine?

- Yes. Compared to America, in Japan we have more strict gender roles. Men and women are expected to act differently in a certain way. Well, they have that in America too, but not as definite as it is in Japan.

- Hm. I see. What about individuality?

- We are taught from childhood not to cause problems for others. You have to consider if something is better for the group first, rather than what you, as an individual, would like to do. You are not supposed to be different from the group. In other words, we are taught to conform with others.

- It's not that way in America?

- In America being unique and individual is a good thing. You are expected to have opinions that are different from others. Of course this is not always true, but it is easier to say what you think and do what you like in America.

- I think I read something about that in an anthropology textbook about America.

和訳　　　check! 1. ☐ 2. ☐ 3. ☐ 4. ☐ 5. ☐

アメリカにいたときに、最も感じた文化の違いってなんですか？

ジェンダーと個人主義だと思います。

女らしさと男らしさみたいなことですか？

そうです。アメリカと比べると、日本ではジェンダーの役割がもっと厳しいです。男性と女性は、決まったやり方で異なる行動をとることが期待されています。アメリカでもそういうことがありますが、日本ほど厳格に決まっていません。

そうですか。個人主義はどうですか？

私たちは子供の時から、ほかの人に迷惑をかけないようにと教えられました。個人として何がしたいかより、グループにとって何がいいのかを最初に考えなくてはなりません。グループと違ってはいけないんです。言葉を変えれば、ほかと同調するように教わります。

アメリカでは、そうではないのですか？

アメリカでは、ユニークで個性的であることはいいことです。ほかの人と違う意見を持つことが期待されます。もちろん、常にそうであるとは限りませんが、アメリカのほうが自分の考えや好きなことを言いやすいですね。

そんな内容のことをアメリカに関する文化人類学の教科書で読んだような気がします。

Target words & sentences No.16

At a party パーティーで

151 invite [invá'it] イン v アイト
Don't forget to invite your boss.

152 happy to have you [hæ'pi tu həv ju] ハピートゥハ v ゥユー
We are really happy to have you.

153 actually [æ'ktʃuəli] アクチュアリー
I never actually saw the movie.

154 pleasure to meet you [pleˈʒər tu miːˈt ju] プレジャートゥミィー t ユー
It's been a real pleasure to meet you today.

155 used to [júːstu] ユーストゥー
I used to work in the Accounting Department.

156 previous [príːviəs] プ r ィー v ィアス
My previous job was a lawyer.

157 What do you do? [hwʌ't du ju du] ホワッ t ドゥユードゥー
What do you do for a living?

158 How about you? [háu əbáut ju] ハウアバウ t ゥユー
So, how about you?

159 run out on [rʌ'n áut ən] r ァンナウトン
I am sorry to run out on you like this.

160 nice talking with you [náis tɔːˈkiŋ wi θ ju] ナイストーキングウィ th ユー
It was very nice talking with you.

和訳

check! 1. ☐ 2. ☐ 3. ☐ 4. ☐ 5. ☐

151
招待する 動
自分の上司を招待するのを忘れないようにね。
Don't・忘れる・招待することを・あなたの上司を

152
(あなたがくるのが) うれしい 句
ようこそいらっしゃいました。
私たちは・=・本当にうれしい・あなたを受け入れることが

153
本当は・実のところ 副
実のところ、その映画は見たことがありません。
私は・実のところ・見なかった・その映画を

154
(あなたに) お会いできて光栄 句
今日あなたにお会いできて、本当に良かったです。
それは・本当に良かった・会うことができて・あなたに・今日

155
昔は〜していた 助
以前、経理部で働いていました。
私は・していた・働くことを・その経理部で

156
前の・以前の 形
私の以前の仕事は、弁護士でした。
私の以前の仕事は・=・弁護士

157
仕事は何をしているのですか？ 句
生活するために、どのような仕事をされていますか？
何・do・あなたは・する・生きていくために？

158
あなたはどうですか？ 句
で、あなたは？
それで・どう・あなたについては？

159
〜から逃げ出す・見捨てる 動
こんな形で、失礼しなくてはならなくてすみません。
私は・=・すみません・失礼することを・あなたから・このように

160
お話できてよかった 句
本当にお話ができてよかったです。
それは・=・とても良かった・話すことが・あなたと

Target words & sentences No.16

Skit 16 : At a party

- Thank you for inviting me to the party.

- I'm happy to have you. You know most of the people here, right?

- Actually, I know less than half the people.

- Do you want me to introduce you to them?

- No, let me try by myself. Hi, I'm Taro, a co-worker of Ikuyo's.

- Pleasure to meet you. I'm Pam. I used to work with Ikuyo in her previous job. So how is she at work? Is she still very aggressive compared to other ladies in your company?

- Yes she is, but she's a wonderful mentor for me. I am lucky to have her as my supervisor.

- That's good to know. So what do you do, Taro?

- I am a sales representative. How about you?

- I am an accountant with P&P Bosh.

- I see. Oh. Excuse me, somebody is calling me. I have to go. I am sorry to run out on you so quickly. I hope you have a good time today.

- Thank you, you too. Nice talking with you.

| 和　訳 | check! 1.☐ 2.☐ 3.☐ 4.☐ 5.☐ |

- パーティーにお招きいただき、ありがとうございます。

- 来てくれてありがとう。ここにいるほとんどの人を知っていますよね？

- 実のところ、半分も知りません。

- 私が彼らにあなたを紹介しましょうか？

- いや、自分でやってみます。こんにちは、太郎といいます。育代さんの同僚です。

- お会いできてうれしいです。パムと言います。育代さんの前の会社で、一緒に働いていました。彼女の仕事ぶりはどうですか？　いまだに、社内の他の女性たちより押し出しが強いですか？

- はい、そうですね。でも彼女は僕にとってすばらしい先輩です。彼女が、僕の指導担当で本当に幸運でした。

- それが聞けてよかったです。それで、太郎の仕事は何ですか？

- 僕は営業です。あなたは？

- P&P Bosh 社で経理を担当しています。

- そうなんですか。あ、すみません。誰かが僕を呼んでいるようです。行かなくちゃいけません。十分にお相手ができずすみません。今日は楽しんでくださいね。

- ありがとう。お話できて良かったです。

Complaints クレーム

161 **complaint** [kəmpleˈint] コンプ**レ**インt
We had a complaint from the supplier.

162 **according to** [əkɔˈːrdiŋ tu] ア**コ**ーディングトゥー
According to the survey, the staff want a non-smoking company cafeteria.

163 **qualify** [kwɑˈləfaˋi] ク**ウォ**リファイ
You qualify for company health insurance.

164 **settle** [seˈtl] **セ**トォl
The problem should be settled between them.

165 **negotiate** [nigoˈuʃieˋit] ネ**ゴ**シエイt
We need to negotiate the price.

166 **upset** [ʌpseˈt] アプ**セ**ッt
He was very upset about the accident.

167 **incident** [iˈnsidənt] イン**ス**ィデンt
The incident was caused by faulty equipment.

168 **apologize** [əpɑˈlədʒaˋiz] ア**ポ**ロジャイズ
I want to apologize for the delay in the project.

169 **resolve** [rizɑˈlv] rイ**ゾ**ォlv
We will resolve this problem quickly.

170 **take care of** [teˈik keˈər əv] **テ**イ**ケ**アオv
My boss took care of the complaint.

| | 和 訳 | check! 1.□ 2.□ 3.□ 4.□ 5.□ |

161 苦情・クレーム 名
サプライヤから苦情を受けました。
私たちは・受けた・苦情を・そのサプライヤから

162 〜によると 副
調査によると、スタッフは禁煙の社員食堂を希望しています。
によると・その調査・そのスタッフ・欲する・禁煙の社員食堂を

163 資格を得る・資格がある 動
あなたには、会社の健康保険を受ける資格があります。
あなたは・(受け取る) 資格がある・会社の健康保険を

164 落ち着く・解決する 動
問題は、両者の間で解決されるべきです。
その問題は・解決されるべき・彼らの間で

165 交渉する 動
私たちは、値段を交渉する必要があります。
私たちは・必要とする・交渉することを・その値段を

166 気が動転して・腹をたてて 動
彼は事故について、非常に気が動転していた。
彼は・＝・非常に気が動転した・事故について

167 出来事・事件 名
その事件は、欠陥機器によって引き起こされました。
その事件は・引き起こされた・欠陥機器によって

168 謝る・謝罪する 動
プロジェクトの遅れについて謝罪します。
私は・したい・謝る事を・その遅れのために・そのプロジェクトにおける

169 解決する・解消する 動
私たちは、この問題をすばやく解決します。
私たちは・解決するつもり・この問題を・すばやく

170 〜に対処する・〜に処理する 動
私の上司が、苦情の対処をしました。
私の上司が・対処した・その苦情を

Skit 17 : Complaints

🧑‍🦰 Did you hear about the complaint from the supplier?

👨 What was it?

🧑‍🦰 They were complaining about the payment shortfall. We have a large order discount agreement with them. According to them, the Purchasing Department paid the discount price, although we did not order enough to qualify.

👨 What are we doing to settle the situation?

🧑‍🦰 First purchasing is going to check the invoice, then they are going to negotiate with the supplier.

👨 The supplier must be upset about the incident, though. Did the Purchasing Department apologize?

🧑‍🦰 I don't know. I do know it is important to handle and resolve such situations quickly and carefully.

👨 I'm sure Mr. Tanaka, the Purchasing Department manager, will take care of it swiftly.

和訳

check! 1. ☐ 2. ☐ 3. ☐ 4. ☐ 5. ☐

- サプライヤからの苦情について聞きましたか？

- なんですか？

- 支払い不足について、苦情を言ってきたようです。彼らとは大量注文割引契約をしています。彼らによると、割引適用に満たない発注だったのに、調達部が割引料金を支払ったようです。

- 解決するために、私たちは何をしているのですか？

- まず、調達部が請求明細を確認して、その後サプライヤと交渉するようです。

- サプライヤは、気分を害しているでしょうね。調達部はお詫びしたのですか？

- わかりません。わかっていることは、こういう状況は、すばやく丁寧に取り扱って、解決することが重要ということです。

- 間違いなく、調達部長の田中さんが早急になんとかするでしょう。

★ Check! 苦情 ★

日本語で苦情のことを「クレーム」といいます。これはいわゆる和製英語ですので、気をつけましょう。英語のclaimとは、「主張する・要求する」の意味で、苦情という意味はありません。自分の欲しいものを要求する（claim）ということが、現在の「クレーム（苦情）」になったのかもしれません。

Target words & sentences No.18

Evaluation 評価

171 performance review
[pərfɔ́ːrməns rivjúː] パフォーマンスrェvュー
The supervisor wrote my performance review.

172 criteria [kraitíəriə] クrアイティrィア
Management decided on the criteria for selection.

173 work ethic [wə́ːrk éˈθik] ワークエthィック
He has an excellent work ethic.

174 complete [kəmplíːt] コンプリーt
You have to complete the project by the end of this month.

175 objective [əbdʒéktiv] オブジェクティv
What is our sales objective?

176 quantify [kwɑ́ntəfàːi] クウォンティファイ
It is difficult to quantify their work.

177 factor [fǽktər] ファクター
The answer depends on a number of factors.

178 consider [kənsídər] コンスィダー
We considered hiring him for the job.

179 assess [əsés] アセス
I don't like assessing people.

180 give someone a hand
[gív sʌ́mwʌ̀n ə ; hǽnd] ギブ サムワンアハンd
I gave him a hand with the dishes.

和訳

check! 1.□ 2.□ 3.□ 4.□ 5.□

171 勤務評価 名
主任が、私の勤務評価を書きました。
その主任は・書いた・私の勤務評価を

172 基準 名
経営陣は、選出の基準を決めました。
経営陣は・決定した・その基準を・選出のための

173 勤労意欲 名
彼は、すばらしい勤労意欲を持っています。
彼は・持つ・すばらしい勤労意欲を

174 〜を完了する・仕上げる 動
あなたはこのプロジェクトを、今月末までに完成しなければなりません。
あなたは・しなくてはならない・完成させることを・このプロジェクトを・今月末までに

175 目的・目標 名
私たちの営業目標は何ですか？
何・＝・私たちの営業目標？

176 数値化する・定量化する 動
彼らの仕事を数値化するのは、難しいです。
それは・＝・難しい・数値化することは・彼らの仕事を

177 要因 名
答えは、さまざまな要因によって違います。
その答えは・による・さまざまな要因

178 〜を考慮する・検討する 動
私たちは、その仕事のために彼を雇うことを検討しました。
私たちは・検討した・雇うことを・彼を・その仕事のために

179 評価・査定する 動
人を評価するのは、好きではありません。
私は・好きでない・評価することを・人を

180 （人）に手を貸す・（人）を助ける 句
彼の皿洗いを手助けしました。
私は・あげた・彼に・手を・皿について

Skit 18 : Evaluation

🧑 I have to write twelve staff performance reviews by the end of this month. How many do you have to write?

👩 Fortunately, I have only two this term.

🧑 You're lucky. What kind of criteria are you using?

👩 I have only three: work ethic, completed sales objectives, and next term goals.

🧑 I'm doing the same thing. The difficult part is quantifying their work into scores. If they sell more than 5 million, should they be given 5, the best score? What other factors should I consider? I always have a hard time with that.

👩 That's totally understandable. I don't like assessing their work either, but in business only results count. Just "trying" doesn't bring profit.

🧑 If you work in the Sales Department, that's the harsh reality. Okay, enough wool gathering. Would you give me a hand?

👩 Sure, if you help me too.

和訳

check! 1. ☐ 2. ☐ 3. ☐ 4. ☐ 5. ☐

今月末までに、スタッフ12人の勤務評価を書かなくてはなりません。君は何人分、書かなくてはいけないの？

幸運なことに、今期は二人しかいません。

ラッキーですね。どんな基準を使っていますか？

私は3つしかありません。勤労意欲、営業目標の達成と次の期間の目標です。

私も同じです。難しいのは、彼らの仕事を点数として数値化することです。もし彼らが500万より多く売り上げたら、最高点の5をつけるべきでしょうか？ 他にどんな要因を今日考慮すべきでしょうか？ いつもそれで悩みます。

それは本当に良くわかります。私も彼らの仕事を評価するのは好きではありません。でも、ビジネスでは結果のみが重要ですからね。がんばるだけでは利益はでませんからね。

営業部で働いていると、それが厳しい現実ですね。よし、ぼんやりするのは終わり。手を貸してもらえますか？

もちろん、私も手伝ってもらえるのなら。

★ Check! 評価？ ★

assessmentとevaluationとの違いは微妙です。強いて言えば、assessmentは良い悪いに関係なく客観的な判断を下すイメージで、evaluationは判断者の価値判断が加わるイメージです。たとえば、米国の共通一次試験ともいえるSAT(Scholastic Assessment Test)は、数値で学生を評価し、テストそのものには判断者の価値判断は含まれていません。一方、人事評価をperformance evaluationと表現すると、そこには何らかの価値判断が反映されていると考えることもできます。

Target words & sentences No.19

At the office オフィスで

181 **agenda** [ədʒeˈndə] アジェンダ
Please write the meeting agenda for tomorrow's meeting by noon.

182 **verify** [veˈrəfaˋi] ヴェrィファイ
I can verify my email address.

183 **checklist** [cheˈck liˋst] チェックリスt
You need to make a checklist for the project.

184 **take notes** [téik nóuts] テイkノウツ
He will take notes during the meeting.

185 **minutes** [miˈnə ts] ミニッツ
Don't forget to send the meeting minutes!

186 **projector** [prədʒéktər] プロジェクター
Have the projector ready for the presentation.

187 **handout** [hæˈndaˈut] ハンダウt
Could you prepare the handouts?

188 **reference** [reˈfərəns] rェファレンス
We will use the questionnaire results as a reference.

189 **copy** [kɑˈpi] コピー
How many copies do you need?

190 **plenty** [pleˈnti] プレンティー
There is plenty of room to set up the model.

和訳

check! 1.☐ 2.☐ 3.☐ 4.☐ 5.☐

181 議題 名
明日の議題を、お昼までに書いてください。
お願い・書く・その議題を・明日の会議・お昼までに

182 確かめる・検証する 動
私のeメールアドレスを確認できます。
私は・確認できる・私のeメールアドレスを

183 チェックリスト・照合表 名
プロジェクトのために、あなたにはチェックリストが必要です。
あなたは・必要とする・作ることを・チェックリストを・プロジェクトのために

184 メモを取る 動
会議中、彼がメモを取ります。
彼が・メモを取るつもり・間・その会議

185 議事録 名
議事録を送付するのを忘れないでくださいね。
Don't・忘れる・送ることを・その議事録を

186 プロジェクター 名
プレゼンテーションのためにプロジェクターを準備しておいてください。
持つ・そのプロジェクターを・準備ができた・プレゼンテーションのために

187 資料・配布物 名
配布資料を準備してくださいますか？
Could・あなたは・準備する・その配布資料を？

188 参考・参照 名
アンケートの結果を、参考資料として使用します。
私たちは・使うつもり・アンケートの結果を・参考資料として

189 写し・コピー・部数 名
何部必要ですか？
どれくらいの部数・do・あなたは・必要とする？

190 十分な・たくさんの・豊富 形
モデルを設置するのに十分な空間があります。
There is・十分な空間・設置するための・そのモデルを

Skit 19: At the office

- Could you write the meeting agenda and send it to the appropriate people by noon?

- No problem. You need to give me the checklist so I can verify the people you want me to send it to.

- Let me go get it. Here you go.

- Okay. Do you want me to take notes and write the minutes for the meeting, too?

- That will be great. Thank you.

- We need a laptop, a projector and a whiteboard for the meeting. Is there anything else?

- I prepared some handouts to be used as reference.

- We need to make ten copies of those. I will do that after I finish writing this.

- You don't need to hurry. We have plenty of time to get ready.

和訳　check! 1.☐ 2.☐ 3.☐ 4.☐ 5.☐

会議の議題を書いて、必要な人にお昼までに送ってもらえますか？

もちろん。誰に送って欲しいかを確認するために、チェックリストをいただく必要があります。

とってきますね。（しばらくたって）はい、こちらです。

了解です。会議の間、メモを取って会議の議事録を書きましょうか？

とっても助かります。ありがとう。

ノートパソコン、プロジェクターとホワイトボードが、会議には必要です。ほかに何かありますか？

参考用に、配布資料を準備しました。

コピーを10部作る必要がありますね。これを書き終わったらやります。

急がなくてもいいですよ。まだ十分準備する時間はあります。

★ Check!　議事録★

2011年の福島原発事故において、情報開示の義務を持つ米国政府はすべての会話や対応を記録しています。こうしたことから私たちは、外国人とのやりとりにおける「記録」の重要性を学ぶことができます。ビジネスにおいても、会議内容を議事録として記録することで、誤解による深刻な問題の発生を回避することができます。会議議題や、会議資料などは事前に英語で用意しておけば、議事録作成時の和文英訳の負担もかなり軽減されることでしょう。

Target words & sentences No.20

On the phone 電話で

2-31 ノーマル

191 **~ speaking** [spíːkiŋ] スピーキング
This is Taro speaking.

192 **May I help you?** [méi ái hélp ju] メイアイヘルpユー
May I help you with something?

193 **May I speak to/with** [méi ái spíːk] メイアイスピーk
May I speak to Mr. Pearson please?

194 **step out of** [stép áut əv] ステッpアウトv
He just stepped out of the office.

195 **leave a message** [líːv ə mésidʒ] リーv ァメッセージ
Could I leave a message?

196 **call someone back** [kɔ́ːl sʌ́mwən bǽk] コーl サムワンバッk
Please have her call me back.

197 **May I have your ~ please?** [méi ái həv jər] メイアイハv ユアー プリーズ
May I have your phone number please?

198 **How do you spell ~?** [háu du ju spél] ハウドゥユゥスペl
How do you spell your last name?

199 **in case** [in kéis] インケイス
I need your cell phone number, in case she doesn't have it.

200 **confirm** [kənfə́ːrm] コンファーm
Please confirm my flight number.

和訳

check! 1. ☐ 2. ☐ 3. ☐ 4. ☐ 5. ☐

191 ～（電話で）です 句
はい、太郎です。
こちらは・=・太郎・話している

192 （電話で）ご用件を承りますが 句
何かお手伝いしましょうか？
May・私は・手伝う・あなたを・何かで？

193 （電話で）～はいますか？ 句
ピアソンさんは、いらっしゃいますか？
May・私は・話す・ピアソンさんと・お願い？

194 ～の外へ出る 句
彼は、ちょうど席をはずしています。
彼は・ちょうど出た・そのオフィスの外へ

195 伝言を残す 句
伝言を残してもいいですか？
Could・私は・残す・メッセージを？

196 （電話で）折り返し電話する 句
彼女が、私へ折り返し電話をくれるようにしてください。
お願い・持つ・彼女を・電話する・私に・折り返し

197 あなたの～をいただけますか？ 句
電話番号をいただけますか？
May・私は・持つ・あなたの電話番号を・お願い？

198 ～はどういうつづりですか？ 句
苗字はどのようなつづりですか？
どう・do・あなたは・つづる・苗字を？

199 念のため・万が一 副
万が一彼女が持っていない場合のために、あなたの携帯番号が必要です。
私は・必要とする・あなたの携帯番号を・万が一・彼女が・持っていない・それを

200 確認する 動
フライトナンバーを確認してください。
お願い・確認する・私の・フライトナンバーを

189

Skit 20 : On the phone

🙋 This is Hakozaki-Phillip Pharma, Amy speaking. May I help you?

🙍 Hello. This is Taro Yoshiya of Globalvision. May I speak with Ms. Mary Brown?

🙋 I'm sorry. She just stepped out of the office, but she should be back soon.

🙍 Could I leave a message? No, wait. Could you ask her to call me back?

🙋 Of course. May I have your name please?

🙍 Taro Yoshiya of Globalvision.

🙋 How do you spell your last name, sir?

🙍 It's Yoshiya. Y-O-S-H-I-Y-A.

🙋 Thank you Mr. Yoshiya. Does she have your phone number?

🙍 She does, but just in case, let me give you my cell phone number. It's 080-1234-4321.

🙋 Let me confirm. It's 080-1234-4321.

🙍 That's correct. Thank you for your help.

🙋 You're welcome. Thank you for calling Hakozaki-Phillip Pharma. Have a nice day!

和訳

check! 1. ☐ 2. ☐ 3. ☐ 4. ☐ 5. ☐

🧑‍🦰 こちらはハコザキ・フィリップファーマ、エイミーです。ご用件を伺います。

👨 こんにちは、グローバルビジョンの吉屋太郎です。メアリーブラウンさんは、いらっしゃいますか？

🧑‍🦰 申し訳ありません。少し席をはずしております。すぐに戻ってまいりますが。

👨 伝言をお願いしてもいいですか。あ、いや、電話をしていただいてもいいですか？

🧑‍🦰 もちろんです。お名前を頂戴できますか？

👨 グローバルビジョンの吉屋太郎です。

🧑‍🦰 苗字のつづりは何ですか？

👨 よしやです。Y-O-S-H-I-Y-A.

🧑‍🦰 吉屋様ありがとうございます。電話番号を彼女は持っていますでしょうか？

👨 持っていますが、一応携帯の番号をお伝えしておきます。080-1234-4321 です。

🧑‍🦰 確認します。080-1234-4321 ですね。

👨 そうです。助かります。

🧑‍🦰 どういたしまして。ハコザキ・フィリップファーマにお電話いただきありがとうございました。 よい一日を！

Category 4

Introduction

カテゴリー4
さまざまな業界で流通するビジネス英単語

　カテゴリー4では、さまざまな業界のコンテンツを集めました。自分が働いている業界に関するコンテンツであれば、そこに登場する英単語にも愛着を感じることができるでしょう。最近は、多様な業種が多岐にわたって関わりあっていることも多く、自分が属する業界以外のコンテンツにも目を通しておく価値は十分あります。

　昨今、あらゆる業界の英語用語を扱うサイトも増えています。ためしに、サーチエンジンに"(自分がかかわっている業界) 英語"と入力してみましょう。多くの人たちが知っているような業種であれば、たいがい該当する英語用語のサイトにたどりつけます。

　業界用語を覚えるときのコツは、1つの英単語につき、辞書にある一般的な意味を1つ抑えておきつつ、業界で使われている意味も確認することです。一例として、IT業界で頻繁につかわれるbatchについて調べてみましょう。英和辞典には、"一束、一群"とある一方、ネットで"batch　IT用語"で検索すると、"一定の期間に集めた一定量のデータを一括処理すること"というような説明を見つけることができます。

✓ CHECK!

| 1回目 | 2回目 | 3回目 | 4回目 | 5回目 |

Fight!　　　　　　　　　　　Excellent!

不動産に関するコンテンツ

Target words & sentences　No.1 Real estate

2-34 ノーマル

1. **real estate** [riːəl isteˈit] rィアlイステイt
We are the best real estate agency in town.

2. **rent** [reˈnt] rエンt
You need to pay the rent as soon as possible.

3. **deposit** [dipɑˈzət] ディポズィッt
The deposit should be paid by the end of this month.

4. **property** [prɑˈpərti] プrォパティー
My father owns this property.

5. **distance** [diˈstəns] ディスタンス
The hotel is within easy walking distance of downtown Chicago.

6. **furnished** [fəːrniʃt] fァーニッシュt
It is hard to find furnished apartments in Tokyo.

7. **spacious** [speˈiʃəs] スペイシャス
There is a spacious living room next to the bed room.

8. **remodel** [rimɑˈdl] rィマデl
The bathroom has been remodeled.

9. **basement** [beˈismənt] ベイスメンt
Most of my stuff is in the basement.

10. **built-in** [biˈltin] ビルティン
The house is also equipped with built-in air-conditioning.

| 和訳 | check! 1.□ 2.□ 3.□ 4.□ 5.□ |

1. 不動産 名
私たちは、街で一番の不動産屋です。

2. 家賃 名
できる限り早く家賃を払う必要があります。

3. 内金・敷金 名
敷金は、今月末までに支払われるべきです。

4. 財産・不動産物件 名
父がこの不動産物件を所有しています。

5. 距離 名
シカゴの中心街から楽に歩ける距離にホテルはあります。

6. 家具付きの 形
東京で家具付きのアパートを探すのは大変です。

7. 広々とした 形
寝室の隣には、広々とした居間があります。

8. 改築する・作り直す 動
浴室は改築されています。

9. 地下室・地下 名
私の物の大半は、地下室にあります。

10. 作り付け・内蔵の 形
この家には、備え付けのエアコンがあります。

Passage 1 : Real estate

BOBSONS REAL ESTATE - The Best Agency in Town

Apartment for rent
3 BR, 1 bath apartment - 222 Lakeshore Dr, APT# 3

$2,100 per Month
$3,150 Deposit
3 Bedrooms | 1 Bathroom | 1,500 Square Feet
Lease Term: One Year

Property Details
Interior Features:
- Air Conditioning
- Furnished
- Washer & Dryer
- Dishwasher
- Microwave
- Refrigerator
- Stove

Free parking available
Pets and smoking allowed

Very nice, furnished 3 bedroom apartment. Short walking distance to law and business schools and downtown. There is a spacious living room open to a large kitchen and dining area. The kitchen and bathroom were remodeled last year. Each bedroom has its own walk-in closet with mirrored doors. There is a good sized storage area in the basement. Comes with built-in air conditioning units and dish washer. Free parking included.

For further information, call Abby at 613-555-4444.

和訳

check! 1. ☐ 2. ☐ 3. ☐ 4. ☐ 5. ☐

ボブソン不動産— 町一番の代理店！

賃貸アパート
寝室3、浴室1 - 222 Lakeshore Dr, APT# 3

ひと月あたり：$2,100
敷金：$3,150
寝室3 | 浴室1 | 1,500 平方フィート
賃貸期間：一年間

物件詳細
内装：
- エアコン
- 家具
- 乾燥機付き洗濯機
- 食洗機
- 電子レンジ
- 冷蔵庫
- コンロ

無料駐車場利用可能
ペット・喫煙可

家具付の3寝室のハイグレードなアパート。法律やビジネス学校群、および中心街徒歩圏内。大きめの台所と食堂に面した広々としたリビングルーム。台所と浴室は、昨年リフォーム済み。各寝室には、鏡扉付きウォークインクローゼットあり。地下には、十分な広さの物置あり。エアコンと食洗機が備え付け。無料駐車場込み。

詳細については、アビーにご連絡ください。613-555-4444

Target words & sentences No.2 Automobiles

自動車に関するコンテンツ

2-35 ノーマル

11 fuel [fjúːəl] フュエl
Hybrid vehicles have very good fuel economy.

12 vehicle [víːəkl] ヴィークl
SUV stands for sport utility vehicle.

13 gallon [gǽlən] ギャロン
The price of gas is $3.68 per gallon today.

14 transportation [trænspərtéiʃən] トrァンスポーテイション
Tokyo has safe and extensive public transportation.

15 long-term [lɔ́ːŋ təːrm] ロング ターm
We don't know how it will affect the environment in the long-term.

16 reflect [riflékt] rィフレクt
The popularity of hybrid vehicles reflects consumer interest in environmental concerns.

17 improvement [imprúːvmənt] インプrゥーvメンt
The manufacturers made large improvements in their engines.

18 environmental [envàiərənméntl] エンvァイrォンメンタl
Many companies publish annual environmental reports.

19 greenhouse gas emissions [gríːnhaus gæs imíʃən] グrィーンハウス ギャス イミッション
We should study more about greenhouse gas emissions.

20 institute [ínstətjùːt] インスティテューt
The man came from the GGE Testing Institute.

和訳 check! 1.□ 2.□ 3.□ 4.□ 5.□

11 **燃料** 名
ハイブリッド車両は燃費がとても良いです。

12 **車両** 名
ＳＵＶはスポーツ・ユーティリティ・ビークルの略称です。

13 **ガロン** 名
本日、ガソリンの値段は1ガロンにつき3.68ドルです。

14 **運輸・運送** 名
東京には安全で広域の公共交通網があります。

15 **長期間** 名
私たちは、それが長期間に及んだ場合、環境にどのように影響を与えるのかを知りません。

16 **反映する・〜を映す** 動
消費者の環境への関心が、ハイブリッド車両の人気に反映されています。

17 **改善・向上・改良** 名
メーカーは、エンジンを大きく改善しました。

18 **環境の** 形
多くの企業は、年次環境報告書を発行しています。

19 **温室効果ガス** 名
温室効果ガスについて、私たちはもっと学ぶべきです。

20 **協会・機関** 名
男性は、ＧＧＥテスト協会から来ました。

Passage 2 : Automobiles

Average fuel economy hits all time high

The average fuel economy of new light vehicles sold in the United States rebounded in March to 22 miles per gallon (mpg) according to researchers. This is up from 20 mpg in February and ties the highest monthly rate recorded since the Transportation Study Institute began keeping records.

It's believed that long-term improvement in the average fuel economy of purchased vehicles reflects both improvements in the engines offered by manufacturers, such as hybrid and lean burn engines, and vehicle buyers' increased interest in environmental concerns.

As governments worldwide working on stricter environmental standards for vehicles, with the aim of reducing greenhouse gas emissions and improving fuel economy, automobile manufacturers are expected to make further improvements in their products. The institute predicts that this trend of improvement in vehicle fuel economy will continue in the future.

Please see the attached reference for more details.

和訳

check! 1. ☐ 2. ☐ 3. ☐ 4. ☐ 5. ☐

平均燃費最高記録を達成

研究者たちによると、米国内で販売されている新小型車両の平均燃費は、3月22日に1ガロンに付き22マイル(mpg)と回復しました。これは、2月の20 mpgよりも向上し、この交通調査機関が記録をつけ始めて以来の最高月間記録と並びました。

購入車両の長期間に渡る燃費の改善は、ハイブリッドやリーンバーンエンジンなど、メーカーが提供するエンジンの改良と、環境問題に対する車両購入者の関心の高まり、両方を反映しているものと考えられています。

温暖化ガス排出と燃費の改善を目指して、世界中の政府がさらに厳しい環境基準に取り組む中、自動車メーカーは、自社製品に更なる改善を施すことが期待されています。機関は、車両燃費向上のトレンドは今後も続くものと予測しています。

詳細に関しては、添付の資料を参照してください。

Target words & sentences No.3 Insurance

保険に関するコンテンツ

21 **life insurance** [láif inʃúərəns] ライfインシュアrアンス
If you have dependents, you need a life insurance policy.

22 **ensure** [enʃúər] エンシュア
Schools should ensure a safe environment for children.

23 **replace** [ripléis] rィプレイス
Mr. Sato is going to replace Mr. Tanaka when he transfers.

24 **coverage** [kʌ́vəridʒ] カヴァrェッジ
Do you know what your automobile insurance coverage is?

25 **determine** [ditə́ːrmin] デタァーミn
She is determined to stay no matter what.

26 **permanent** [pə́ːrmənənt] パーマネンt
I want to apply for permanent residency.

27 **reputable** [répjətəbl] rェピュタブl
I talked with a reputable agent about my insurance.

28 **insurance agent** [inʃúərəns éidʒənt] インシュアrアンスエイジャンt
He introduced me to his insurance agent.

29 **beneficiary** [bènəfíʃieri] ベネfィシエrィー
Who are your insurance beneficiaries?

30 **option** [ɑ́pʃən] オプション
There are too many options to choose from.

和訳

check! 1. ☐ 2. ☐ 3. ☐ 4. ☐ 5. ☐

21 **生命保険** 名
あなたにもし扶養家族がいるのであれば、生命保険が必要です。

22 **保証する・確保する** 動
学校は、子供たちのための安全な環境を確保するべきです。

23 **〜に取って代わる** 動
田中さんが転勤すれば、佐藤さんが引き継ぎます。

24 **(保険の) 補償範囲** 名
自分の自動車保険の補償範囲を知っていますか？

25 **決定・確定する** 動
何があっても留まることを彼女は固く決心していた。

26 **永続的な・恒久的な** 形
私は永住権を申請したいです。

27 **評判の良い** 形
私は評判の良い業者と保険について話をしました。

28 **保険代理業者** 名
彼は私を自分の保険代理業者に紹介してくれました。

29 **保険金受取人・受給者** 名
あなたの保険金受取人は誰ですか？

30 **選択肢・オプション** 名
選択肢が多すぎます。

Passage 3 : Insurance

Getting a Life Insurance Policy

Life insurance is intended to ensure that your dependents have sufficient resources to replace your income after you die. It's very important to understand the process for obtaining life insurance, so you can get the coverage you need at a price you can afford.

The most important thing is to determine your policy and coverage needs. There are two types of major life insurance: permanent life insurance, which provides coverage for your entire life, and term life insurance, which only covers a certain period of time. You can learn more about these different options from reputable consumer websites, or by contacting an insurance agent.

Once you decide on a policy type, you then need to determine your desired coverage. You should estimate how much income your beneficiaries will need after you pass away. Be sure to consider the age of your dependents, your spouse's earning ability and your combined financial resources.

It's a good idea to learn as much as possible before you start the process of purchasing a life insurance policy. Then you can look for a good insurance agency with the best possible rates.

Good luck!

和訳　　　　　　　　check! 1. ☐ 2. ☐ 3. ☐ 4. ☐ 5. ☐

生命保険への加入

生命保険加入の目的は、あなたの死亡後、扶養家族のためにあなたの収入に代わる収入源を確保することです。支払い可能な金額で、必要な保証内容を得るためには、生命保険を購入するプロセスを理解することがとても重要です。

最も重要なのは、必要としている保険契約と保障内容を決定することです。生命保険には2つの種類があります。終身の保障を提供する終身生命保険と、一時期のみを保障する定期生命保険です。これらの異なる保険に関する情報は、信頼できる消費者ウェブサイトや、保険代理店に問い合わせましょう。

契約タイプに合わせ、希望する保障内容を決定しましょう。自分が亡くなった後、扶養家族がどれくらいの収入を必要としているかを見積もるべきです。扶養家族の年齢、配偶者の経済能力と自分のすべての財産についても熟考が必要です。

生命保険契約の購入に入る前に、できる限りのことを調べておきましょう。その上で、最良の保険料率を持つ保険会社を探しましょう。

幸運を祈ります。

小売に関するコンテンツ

31. retail [ríːteil] リーテイル
Why did you decide to start a retail business?

32. physical [fízikl] フィズィカl
I prefer to have a physical store, so I can interact with customers.

33. franchise [frǽntʃaiz] フrァンチャイズ
She is thinking of opening a fast food franchise.

34. location [loukéiʃən] ロゥケイション
Location is very important when opening a supermarket.

35. visibility [vìzəbíləti] vィズィビリティー
Do you think your location has enough visibility to attract customers?

36. accessibility [æksesəbíləti] アクセスィビリティー
The hotel has excellent accessibility as it is located right next to the subway.

37. affordability [əfɔ̀ːrdəbíləti] アfォーダビリティー
Housing affordability is becoming a problem.

38. venture [véntʃər] vェンチャー
Would you invest in a business venture with me?

39. fixture [fíkstʃər] fィックスチャー
All the fixtures were set up by the workers yesterday.

40. advertise [ǽdvərtàiz] アドvァタイズ
We advertised our store opening in the local newspaper.

| | 和訳 | check! 1.☐ 2.☐ 3.☐ 4.☐ 5.☐ |

31 **小売り・小売店** 名
なぜ小売事業を始めようと決めたのですか？

32 **物質的な・物理的な** 形
お客様とお互いに交流できるので、実店舗を持つほうが良いです。

33 **フランチャイズ** 名
彼女は、ファーストフードのフランチャイズを開くことを考えています。

34 **場所・位置** 名
スーパーマーケットを開店するときは、場所がとても大事です。

35 **認知度・知名度** 名
自分の場所が、顧客をひきつけるのに十分な知名度があると思いますか？

36 **アクセスのしやすさ** 名
ホテルは、地下鉄の真横に位置しているので、とてもアクセスが良いです。

37 **値ごろ感・手ごろであること** 名
住宅取得能力が問題になってきています。

38 **ベンチャー事業** 名
私のベンチャー事業に投資していただけますか？

39 **設備** 名
作業員によって、すべての設備が取りつけられました。

40 **広告する** 動
地元の新聞紙に開店の広告を出しました。

Passage 4 : Retail

How to Start a Retail Business

This will be a series of newsletters on how to launch and operate a successful retail operation.

Step 1: Choosing a retail model

Once you have developed a solid business plan and have an idea of what you want to sell, you must decide which retail model is right for you. Choices include opening a physical store, establishing an online store, door-to-door sales, mail order sales, or a combination of two or more options. You can also buy into a franchise opportunity.

Step 2: Finding a location

If you decide on a physical store, you need to find the right location for your business. It should be where your customers are and you should get it right the first time. Visibility, accessibility, and affordability are all very important considerations in deciding on a location.

Step 3: Financing your venture

You will need funds to support start-up costs such as expenses for inventory, fixtures and fittings, marketing and advertising, as well as employee salaries and more. You can apply for a bank loan, but if you don't qualify for one, you might want to look into getting a government-backed loan.

Next week, I will provide some tips about business structure and legal matters.

和訳

check! 1.□ 2.□ 3.□ 4.□ 5.□

小売事業の始め方

このニュースレターシリーズでは、成功する小売事業の開始と運営方法についてお届けします。

ステップ1: 小売モデルを選択する

確かな事業計画と、販売したいものについてアイデアができたら、自分にふさわしい小売モデルを決定しなければなりません。選択肢には、実店舗、オンライン販売、訪問販売、通信販売、またはそれらを組み合わせた形があります。フランチャイズ権を購入することもできます。

ステップ2: 場所を見つける

実店舗に決めた場合、事業にあった場所を見つける必要があります。顧客が存在する場所であるべきです。また、最初から適切な場所を選ぶべきです。認知度、アクセスのしやすさ、値段の手ごろさなどが、場所選びには非常に重要です。

ステップ3: ベンチャー事業の資金調達

在庫、設備類、マーケティングと広告などの初期費用を支える資金同様、従業員の給料などがさらに必要になります。銀行融資に申し込むこともできますが、その資格を満たさない場合などは、政府が支援する融資を調べてみるといいかもしれません。

来週は、事業構造と法律関連事項についてのヒントをお届けする予定です。

Target words & sentences No.5 Finance

金融に関するコンテンツ

41. composite index [kəmpɑ'zit i'ndeks] コンポズィットインデックス
The composite index plummeted yesterday.

42. stock [stɑ'k] ストック
The president sold his company stock.

43. collapse [kəlæ'ps] コラプs
The stock market collapsed last year.

44. on track [ɑn træk] オントrァック
I think the project is on track.

45. milestone [ma'il sto'un] マイルストゥーン
With 1 million units, the company reached a production milestone.

46. industrial [indʌ'striəl] インダストrィアl
The machine is intended for industrial use.

47. financial [fənæ'nʃl] fィナンシャl
Our financial forecast is good for this year.

48. crisis [kra'isis] クrァイスィス
In times of crisis, people look for a leader.

49. Federal Reserve [fe'dərəl rizə':rv] fェデrァlrィザーv
The Federal Reserve's chairman discussed his assessment of the current economy.

50. strengthen [stre'ŋkθn] ストrェンthン
We need to strengthen our relationships with our subsidiaries.

和訳

check! 1. ☐ 2. ☐ 3. ☐ 4. ☐ 5. ☐

41 総合株価指数 名
昨日総合株価指数は急降下しました。

42 株式 名
社長は自社の株式を売却しました。

43 崩壊・倒壊 名
株式市場は昨年暴落しました。

44 順調に進む 形
プロジェクトは順調に進んでいると思います。

45 節目・画期的出来事 名
会社は、100万台で生産の節目に到達しました。

46 工業・産業の 形
この機械は工業用です。

47 金融上・財務上の 形
今年の私たちの財務予測は明るいです。

48 危機 名
危機のとき、人々はリーダーを探します。

49 連邦準備金（制度） 名
連邦準備金制度理事会の議長は、現在の経済の評価について論じました。

50 強化する・増強する 動
私たちは子会社と関係を強化する必要があります。

Passage 5 : Finance

The TECHMARKET Composite Index Reaches 1,000

The TECHMARKET composite index hit 1,000 on Monday for the first time since Internet stocks collapsed more than a decade ago. The stock market was flat today but is on track to close out its best March in fourteen years.

This milestone for TECHMARKET came only a day after the P&J industrial average closed above 14,000 for the first time since May 2008, before the financial crisis that hit that autumn.

Futech, TECHMARKET's biggest component, topped $550 billion in market value, making it the only company above the half-trillion mark and only the sixth in U.S. corporate history to grow so large. Futech plans to unveil its latest product next week.

In other broader markets, stocks opened higher but fell sharply after about an hour. They recovered by mid-afternoon, after the Federal Reserve's survey of regional economic conditions said the economy strengthened over the first six weeks of the year.

| 和訳 | check! 1. ☐ 2. ☐ 3. ☐ 4. ☐ 5. ☐ |

The TECHMARKET 総合株価指数 1,000 を達成

月曜日、The TECHMARKET は、インターネット株が 10 数年前に崩壊して以来、初めて総合株価指数 1,000 に到達しました。株式市場は不活発でしたが、14 年間で一番の 3 月を締めくくるような、順調な動きです。

この TECHMARKET の画期的な出来事は、P&J industrial 社の平均終値が 14,000 を超えた翌日に起きました。これは金融危機に見舞われた 2008 年秋以来、初めてのことです。

TECHMARKET の最大の銘柄である Futech 社は、市場価格で $5,500 億を超え、5,000 億のマークを超える唯一の会社であるとともに、米国で 6 つ目の成長企業となりました。Futech は最新の製品を来週発表する予定です。

広く他分野にわたり、株式は高値から始まりましたが、1 時間後急激に下がりました。連邦準備銀行の地域経済調査が、今年最初の 6 週間で経済が強化されたと発表。これを受けて、午後中ごろに株価は回復しました。

飲食に関するコンテンツ

No.6 Food and beverage

51 **beverage** [be'vəridʒ] ベヴァリッジ
I work in the hotel's Food and Beverage department.

52 **fantastic** [fæntæ'stik] ファンタスティック
The movie had fantastic SFX effects.

53 **authentic** [ɔːθe'ntik] オーthェンティック
They serve authentic Chinese food in Chinatown.

54 **freshly** [fre'ʃli] フレッシュリー
Those herbs were freshly picked.

55 **consistently** [kənsi'stəntli] コンスィスタントリー
The food in the company cafeteria is consistently good.

56 **vermicelli** [vèːrmitʃe'li] ヴァーミッチェリ
Vermicelli is a very thin pasta.

57 **accompany** [əkʌ'mpəni] アカンパニー
Burgers are often accompanied by french fries.

58 **shredded** [ʃre'did] シュレディッド
You need a lot of shredded cheese to make pizza.

59 **vibrant** [va'ibrənt] ヴァイブラント
The city center is vibrant, with good quality attractions.

60 **disappointed** [dìsəpɔ'intid] ディサポインティd
I was very disappointed with the concert.

和訳

check! 1. ☐ 2. ☐ 3. ☐ 4. ☐ 5. ☐

51 **飲料・飲み物** 名
私は、ホテルの料飲部門で働いています。

52 **すばらしい** 形
映画では、すばらしい特殊効果が使われていました。

53 **本物の・正真正銘の** 形
中華街では、本物の中華料理を提供しています。

54 **新鮮に** 副
これらのハーブは、摘まれたばかりです。

55 **一貫して、常に** 副
社員食堂の料理は、一貫しておいしいです。

56 **細い麺・バーミセリ・ビーフン** 名
バーミセリは、細いパスタです。

57 **添えられている・～について行く** 動
バーガーには、よくフレンチフライが添えられています。

58 **細く刻んだ・みじん切りにした** 形
ピザをつくるには、細かく刻んだチーズがたくさん必要です。

59 **力強い・鮮やかな** 形
都心は、人を魅了するものに満ちています。

60 **がっかりした・失望した** 形
コンサートには、とてもがっかりしました。

Target words & sentences No.6

Passage 6 : Food and beverage

Welcome to XUAN the taste of Vietnam – ★★★★★ 5 Stars!

I recently found a great little Vietnamese restaurant called Xuan (222 Crabtree Street). The restaurant serves a variety of delicious noodle and rice dishes that are fantastic for lunch and equally great for dinner.

Xuan has the feel of an authentic Asian noodle-bar.

The menu has a large number of simple dishes freshly prepared and of consistently above average quality. My favorite dishes are a shrimp spring roll and the mixed meat vermicelli noodles. The fresh spring rolls are accompanied by a peanut-paste which is simple, delicate and savory, flavored with fresh herbs like mint and coriander.

All the dishes come with plenty of fresh vegetables. For example, the pho comes with a whole plate of beansprouts, shredded lettuce and herbs, which makes the entire dish flavorful and vibrant.

Xuan also has wonderful margaritas made with fresh-squeezed lime juice and dark tequila. These drinks take any meal to a whole new level. Xuan also carries an impressive collection of both domestic and imported beer. Furthermore, they have locally brewed beer on tap.

The dishes at Xuan are reasonably priced, have decent-sized portions, and are full of exotic Asian flavors.

Stop by. I guarantee you won't be disappointed!

和訳　　　　　check! 1.□ 2.□ 3.□ 4.□ 5.□

ベトナムの味 XUAN へようこそ— ★★★★★ 5つ星！

私は最近、Xuan (222 クラブツリー通り) と呼ばれる、小さいながらも良質なベトナムレストランを見つけました。レストランでは、ランチでもディナーでも、秀逸で多様な麺やご飯の食事がいただけます。

Xuan には、本格的なアジアの麺屋台の雰囲気があります。

メニューには、新鮮で、常に平均以上の質をもつ、シンプルな料理が多く並んでいます。私の大好物は、えびの春巻きと、肉入りのビーフンです。生春巻きは、ミントや香菜などの新鮮なハーブで味付けされており、シンプルでデリケートな風味のピーナッツペーストと一緒に提供されます。

すべての料理は山盛りの新鮮野菜とともに出てきます。例えば、フォーには、もやし、きざみレタス、ハーブの一皿が添えられ、料理に風味と刺激を加えます。

絞りたてのライムジュースとダークテキーラベースのマルガリータも絶品です。これを飲めば、どんな食事も格別なものに変わります。Xuan では、国内および輸入ビールも充実しています。さらに、地ビールも生でいただけます。

料理は、手ごろな価格でボリューム感もあり、エキゾチックなアジアの魅力にあふれています。

ぜひお立ち寄りください。きっとご満足いただけます。

Target words & sentences No.7 Hotel

ホテルに関するコンテンツ

2-40 ノーマル

61 trade [tre'id] trエィd
I wouldn't trade this for anything.

62 comfort [kʌ'mfərt] カンfァーt
This hotel advertises comfort for weary travelers.

63 excitement [iksa'itmənt] イクサイtメンt
All the excitement of the casino made me tired.

64 convenience [kənviː'niə] コンvィーニエンス
You should consider convenience when choosing accommodations.

65 cuisine [kwiziː'n] クウィズィーン
The hotel restaurant offers cuisines from all over the world.

66 hospitality [hɑ`spətæ'ləti] ホスピタリティー
I want to work in the hospitality industry.

67 accommodate [əkɑ'məde`it] アカモデイt
The restaurant was able to accommodate thirty people for our party.

68 auditorium [ɔ:ditɔ':riəm] オーディトーrィアム
The school has a very nice auditorium.

69 banquet [bæ'ŋkwət] バァンクウェッt
Could you sing at our wedding banquet?

70 complimentary [kɑ'mpləméntəli] カンプリメンタrィー
One complimentary drink is given to all guests arriving today.

| 和訳 | check! 1.□ 2.□ 3.□ 4.□ 5.□ |

61 **取引する・交換する** 形
これは何ものにもかえがたいものです。

62 **快適さ・心地よさ** 名
このホテルは、旅の疲れにくつろぎを届けます。

63 **興奮** 名
私はカジノで興奮し、疲れました。

64 **利便性・便利さ** 形
宿泊先を決める際には、利便性を考慮するべきです。

65 **料理・食事** 名
このホテルのレストランは、世界中の料理を提供しています。

66 **おもてなし** 名
私は接客業界で働きたいです。

67 **収容できる・対応する** 動
レストランは、私たちのパーティーのために30人収容することができました。

68 **ホール・公会堂** 名
学校には、とてもよい講堂があります。

69 **宴会** 名
私たちの結婚披露宴で歌ってくれますか？

70 **無料の** 形
本日到着のお客様全員に、無料のドリンクが提供されます。

Passage 7 : Hotel

MKK Hotel Las Vegas Airport

You don't need to trade comfort for excitement and convenience when you can have both at the MKK Hotel Las Vegas Airport. Enjoy our ideal location -- just 10 minutes from downtown Las Vegas, the Strip and Las Vegas International Airport.

We have 60,000 square feet of flexible function space available for conferences, weddings and more. We offer award-winning cuisine and the high level of hospitality you've come to expect from MKK hotels.

Our hotel offers:

- 800 guest rooms, with 30 suites
- Refrigerator / 37" flat screen TV / high-speed Wi-Fi Internet access in every room
- An auditorium accommodating up to 200 people
- 60,000 square feet of function (banquet) space
- 24 hour Business Center / 24 hour Room service / Concierge / Housekeeping services / Gift Shop / Complimentary airport shuttle

MAKE YOUR RESERVATION TODAY!

和訳

check! 1. ☐ 2. ☐ 3. ☐ 4. ☐ 5. ☐

MKK ホテルラスベガス空港

MKK ホテルラスベガス空港では、快適性とともに楽しさと利便性も手に入れられます。ラスベガスの中心地、ストリップ、ラスベガス空港から、わずか 10 分の最高のロケーションをお楽しみください。

60,000 平方フィートの多目的スペースは、会議、結婚式などでご利用になれます。MKK ならではの、受賞料理と極上のホスピタリティーをお楽しみください。

以下のものが、当ホテルでご利用になれます。

　800 の客室、30 のスイートルーム
　冷蔵庫 / 37 インチ液晶テレビ / 全室高速 Wi-Fi インターネットアクセス
　最大 200 人収容可能のホール
　60,000 平方フィートの多目的 (宴会) スペース
　24 時間営業のビジネスセンター /24 時間のルームサービス / コンシェルジュ / ハウスキーピング / ギフトショップ
　空港までの無料シャトル

本日、ご予約しませんか？

Target words & sentences No.8 Airplane
航空に関するコンテンツ

2-41 ノーマル

71 in-flight [ɪ'n flɑ'ɪt] インfライt
I always watch the in-flight movies.

72 delayed [dɪleɪd] ディレイd
The plane was delayed due to a security problem.

73 departure [dɪpɑːrtʃər] ディパーチャー
Please tell the passengers that the departure gate is upstairs.

74 due to [djuːtə] デュートゥ
There was a blackout due to the storm.

75 fog [fɔːg] fォーグ
There was some dense fog this morning.

76 approximately [əprɑːksɪmətli] アプrァクスィメッtリィー
It is approximately 22 degrees Celsius.

77 cruise [kruːz] クrゥーズ
My parents are on a cruise in the Caribbean.

78 altitude [æ'ltɪtjuːd] アlティテューd
Our current altitude is 40,000 feet.

79 turbulence [təːrbjələns] タービュランス
Please fasten your seatbelts to prepare for the turbulence.

80 cabin crew [kæ'bɪn kruː] キャビン クrゥー
The cabin crew will serve you refreshments.

| 和訳 | check! 1.□ 2.□ 3.□ 4.□ 5.□ |

71 機内の 名
私は、いつも機内映画を見ます。

72 遅れた 形
飛行機は、警備上の問題で遅れました。

73 出発 名
乗客に出発ゲートは上の階だと伝えてください。

74 〜が原因で・〜のせいで 前
嵐が原因で、停電がありました。

75 霧 名
今朝、多少深い霧が出ていました。

76 約・おおよそ 副
おおよそ摂氏22度です。

77 クルーズ・(一定の速度で)進むこと 名
私の両親は、カリブ海のクルーズに出かけています。

78 高度 名
現在の高度は4万フィートです。

79 乱気流 名
乱気流に備え、シートベルトを締めてください。

80 客室乗務員 名
客室乗務員が飲み物をサービスいたします。

Passage 8 : Airplane

Captain's In-flight Announcement

Good morning ladies and gentlemen. This is your captain speaking. I'd like to welcome everyone to All Japan Way Flight 102.

I would like to apologize again for our delayed departure from Narita airport due to fog. We are expecting to arrive in Hawaii approximately ten minutes behind schedule.

We are currently cruising at an altitude of 40,000 feet. Although the skies ahead of us are clear, we might experience some turbulence, so please remain in your seats with your seatbelts fastened.

The cabin crew will be coming around soon to offer you beverages and snacks.

I ask that you please direct your attention to the monitors or the cabin crew standing next to the emergency exits, as we review the emergency procedures for this airplane. You may also refer to the safety instruction diagram placed in the seat pocket in front of you.

Now let me turn you over to Ms. Carter, our crew chief.

和訳

check! 1. ☐ 2. ☐ 3. ☐ 4. ☐ 5. ☐

機長の機内放送

みなさま、おはようございます。こちらは機長です。オールジャパンウェイ102便にご搭乗いただきありがとうございます。

霧により、成田からの出発が遅れましたことを、再度お詫び申し上げます。ハワイに約10分遅れで到着の予定です。

現在高度4万フィートで航行しております。これから先空は晴れておりますが、乱気流の可能性がありますので、着席中はシートベルトをお締めください。

まもなく客室乗務員が、飲み物と軽食をお持ちいたします。

この飛行機の緊急時のご案内をいたしますので、モニターまたは非常口脇の客室乗組員をご覧ください。前方座席ポケットにある安全のしおりもご覧ください。

これより、客室乗務員チーフのカーターに替わります。

リゾートに関するコンテンツ

81 coast [ko'ust] コゥst
It was my dream to live on the coast.

82 pristine [pri'sti:n] プrィスティーン
The pristine beauty of the view from the mountain attracts many people.

83 strewn [stru':n] ストrゥーン
You can take a walk down the shell-strewn beach.

84 awe-inspiring [ɔ': inspa'iəri'ŋ] オーインスパイアrィング
The sunrise here is awe-inspiring.

85 exotic [igzɑ'tik] イグザティック
Have you tried any exotic food there?

86 atmosphere [æ'tməsfi`ər] アtモスfィア
I enjoy the relaxing atmosphere here.

87 tranquil [træ'ŋkwil] trァンキl
Please enjoy the tranquil scenery at the National Wetland Park.

88 magnificent [mægni'fəsnt] マグニfィセンt
The mountain provides a magnificent view.

89 privilege [pri'vəlidʒ] プrィvィリッジ
It was a privilege to be able to witness a full solar eclipse.

90 reserve [rizə':rv] rィザーv
Could you reserve a seat for me?

| 和訳 | check! 1.□ 2.□ 3.□ 4.□ 5.□ |

81 　**海岸・沿岸** 名
海沿いに住むのが私の夢でした。

82 　**汚されていない・純粋な** 形
山からの自然のままの眺めに多くの人が惹かれます。

83 　**ばらまかれた** 形
貝殻が散らばる浜辺で、散歩することができます。

84 　**畏怖の念を起こさせる** 形
ここからの朝日は、畏怖の念を抱かせます。

85 　**異国情緒の・珍しい** 形
そこで珍しい食べ物を試してみましたか？

86 　**雰囲気** 名
こちらのリラックスした雰囲気を楽しんでいます。

87 　**落ち着いた・穏やかな** 形
国立ウェットランド公園の穏やかな風景をお楽しみください。

88 　**壮大な・すばらしい** 形
山から壮大な景色を見られます。

89 　**特権・恩恵** 名
完全な日食を目撃することができたのは、特権でした。

90 　**予約する** 動
私のために席を予約していただけませんか？

Flamingo Inn – The Island Getaway

Discover the ideal island hideaway!

Located off the coast of Fort Isle on Flamingo Island, the Flamingo Inn is surrounded by pristine, shell-strewn white sand beaches. You can enjoy spacious accommodations that offer awe-inspiring views of the Gulf of Mexico.

Our beautiful gardens are filled with tropical flowers that attract a variety of exotic birds. You can relax and be renewed by the peaceful atmosphere you will find in our gardens. Come visit us for tranquil refreshment in a magnificent setting.

We are just minutes from the Turtle Golf & Tennis Resort, 20 minutes from downtown, and only 45 minutes from Southwest International Airport.

Features and services include:

- 94 rooms (regular hotel rooms, one-bedroom suites and two-bedroom condominiums)
- 600 feet of beachfront property
- Beach bar, poolside bar and grill
- Outdoor swimming pool with sundeck
- Special guest privileges at the Turtle Golf & Tennis Resort

Call today to reserve your dream island getaway!

Toll-free: 1-800-222-3333

和 訳

check! 1. ☐ 2. ☐ 3. ☐ 4. ☐ 5. ☐

フラミンゴ・イン― 島での休日

理想の秘密の島を見つけましょう

フラミンゴ島フォート・アイル海岸にあるフラミンゴ・インは、貝殻が散らばる天然の白浜に囲まれています。広々としたお部屋でメキシコ湾の神秘的な眺めをお楽しみください。

美しい庭園は熱帯性の花であふれ、エキゾチックな鳥たちを引き寄せます。庭園に漂うくつろいだ雰囲気で心をほぐし、活力を取り戻しましょう。極上の環境で、心休まるひと時をぜひお過ごしください。

タートルゴルフ・&テニスリゾートより数分、町の中心部より20分、サウスウェスト国際空港よりわずか45分。

施設とサービスには以下のものがあります。

- 94室（一般客室／1ベッドルーム・スイート／2ベッドルーム・コンドミニアム）
- 600フィートのビーチ
- ビーチバー、プールバーとグリル
- 屋外プールとサンデッキ
- タートルゴルフ・&テニスリゾートでのゲスト特典

夢の島での休暇はお電話でご予約ください。

無料通話：1-800-222-3333

Target words & sentences No.10 Hospitality

接客に関するコンテンツ

2-43 ノーマル

91 **generalist** [dʒeˈnərəlist] ジェネラリスt
I want to be a generalist and not a specialist.

92 **range** [reˈindʒ] rエインジ
There is a wide range of animals in Yakushima.

93 **subject** [sʌˈbdʒikt] サブジェクt
The school offers many subjects you can study.

94 **consumer** [kənsjuˈːmər] コンシューマー
Consumers are becoming more conscious about the environment.

95 **provide** [prəvaˈid] プrォvァイd
We provide great coffee at our café.

96 **function** [fʌˈŋkʃən] fァンクション
The function of the healing room is to relax people.

97 **practical** [præˈktikl] プrァクティカl
You need to have practical experience to get a job.

98 **employer** [emplɔˈiər] エンプロィァー
Have you had an interview with the prospective employer?

99 **regarding** [rigɑˈːrdiŋ] rィガーディング
I talked with Mr. Smith regarding the test scores.

100 **hesitate** [heˈziteˋit] ヘジテイt
Please do not hesitate to ask any questions.

	和 訳	check! 1.☐ 2.☐ 3.☐ 4.☐ 5.☐

91. 万能な人・一般職 [名]
専門家ではなくて、ゼネラリストになりたいです。

92. 範囲 [名]
屋久島には、多種多様な動物がいます。

93. 教科 [名]
学校は、勉強できる教科をいろいろと提供しています。

94. 消費者 [名]
消費者は、環境についてより意識的になっています。

95. 提供する [動]
私たちの喫茶店では、素晴らしいコーヒーを提供します。

9. 役割・職務 [名]
ヒーリングルームの役割は、人をリラックスさせることです。

97. 実際の・実務の [形]
仕事を得るには、実務経験が必要です。

98. 雇用者 [名]
将来の雇い主と面接をしましたか？

99. 〜について [前]
テストの点数についてスミスさんと話をしました。

100. ためらう・遠慮する [動]
遠慮なくどんな質問でもしてください。

Passage 10 : Hospitality

Dear Student,

We offer a wide range of courses on Hospitality-related subjects. There are career tracks for both specialists and generalists. For example, we offer barista courses for those who want to be coffee specialists as well as more general courses in office management.

No matter what the course, each has a focus on identifying, understanding and responding to the needs of consumers. This way you will learn how to provide an excellent customer service experience.

You can also acquire practical and technical skills, such as restaurant floor manager skills, for front-of-house operations. Courses also touch on business functions such as finance, human resources and marketing. Through our courses, you can also develop many other general skills sought after by a range of employers.

Many courses offer internships and practical real-life training worldwide, providing students with valuable industry experience.

If you need any advice regarding course selection, please do not hesitate to contact me at my office or by email.

Joan Stewart, Academic adviser

和訳

check! 1. ☐ 2. ☐ 3. ☐ 4. ☐ 5. ☐

受講生の皆さんへ

私たちは、おもてなしに関連した様々なコースを提供しています。専門家とゼネラリスト両方のキャリアコースがあります。例えば、コーヒーの専門家を目指す人のためのバリスタコースや、オフィスマネジメントには、より一般的なコースもあります。

どのコースを取っても、消費者のニーズを認識、理解、対応することに焦点を当てています。そうすることで、良質な顧客サービスを提供することが学べます。

また、レストランのフロアマネージャーなど表方の仕事向けに、実践的かつ専門的なスキルを取得することもできます。コースは、財務、人事、マーケティングなどの業務についても取り扱います。コースでは、雇用者から広く求められる一般的なスキルについても数多く身につけられます。

多くのコースではインターンシップや実地訓練を世界規模で提供し、受講者の皆さんに有意義な業界体験をしていただいております。

コース選択に関するご相談は、直接私のオフィスへお越しいただくか、eメールで遠慮なくご連絡ください。

ジョーン・スチュワート、コース履修アドバイザー

Target words & sentences No.11 Telecommunications

通信に関するコンテンツ

2-44 ノーマル

account [əkaˈunt] アカウント
101 What is your account number?

line [laˈin] ライン
102 I pay for two phone lines.

automatic [ɔ̀ːtəmæˈtik] オートマティック
103 I use their automatic payment system.

callback [kɔːl bæˈk] コールバック
104 I received an update from the automatic callback system.

monthly [mʌˈn θ li] マンthリー
105 The monthly payment is 5000 yen.

local [loˈukl] ロウカl
106 All local calls cost 50 cents each.

portability [pɔ̀ːrtəbiˈləti] ポータビリティー
107 With number portability, people can use the same phone number even after changing service providers.

distance [diˈstəns] ディスタンス
108 Long distance charges are expensive.

broadband [brɔːd bæˈnd] ブrォーdバンd
109 I prefer broadband to Wi-Fi, because it's faster.

router [raˈutə] rァウター
110 The phone company set up the routers in the apartment.

| 和訳 | check! 1.□ 2.□ 3.□ 4.□ 5.□ |

101 取引・顧客 名
顧客番号は何番ですか？

102 （電話）回線 名
2回線分の料金を払っています。

103 自動の 形
彼らの自動支払いシステムを利用しています。

104 電話のかけなおし・コールバック 名
自動コールバックシステムから、最新情報を受け取りました。

105 月ごとの・月々の 形
月額支払い料金は5000円です。

106 地元の 形
すべての市内通話は、1通話につき50セントです。

107 移植性・持ち運びができること 名
ナンバーポータビリティにより、携帯電話会社を変更しても同じ電話番号が使用できるようになりました。

108 距離・遠距離 名
長距離通話料金は高いです。

109 ブロードバンド・広帯域 名
私はWi-Fiよりも、ブロードバンドのほうが速いので好きです。

110 ルーター 名
電話会社がアパートにルーターを設置しました。

Passage 11 : Telecommunications

NT & BELL	
To: Jane Smith 1234 Amethyst Drive, Holyoke, MA 55555	
Company Name:Top Flowers Account No.: 123-456789	Due Date:July 30, 2012
Line Charge	$5.00
Call Waiting	$4.00
Automatic Callback	$0.95
Total Monthly Service	$9.95
Monthly Local Service	
Local Calling Plan A (includes - unlimited local calling)	$4.95
Number Portability Surcharge	$0.10
Total Local Charges	$5.05
Monthly Long Distance Services	
Long Distance Calling Plan A	$10.95
Total Long Distance Charges	$10.95
Monthly Broadband Charges	
Plan B (100 GB/per month)	$8.99
Router rental fee	$20.00
Total Broadband Charges	$28.99
Please refer to the back for Total Amount Due	

和訳

check! 1. ☐ 2. ☐ 3. ☐ 4. ☐ 5. ☐

NT & BELL	
ジェーンスミス様 マサチューセッツ州ホリヨーク、アメジスト通り1234	
会社名：トップ・フラワーズ 顧客番号：123-456789	支払期日： 2012年6月30日
回線	$5.00
割り込み通話	$4.00
自動コールバック	$0.95
合計月額サービス	$9.95
月額市内サービス	
市内通話プランA (無制限市内通話込み)	$4.95
ナンバーポータビリティ追加料金	$0.10
合計市内サービス	$5.05
月額長距離サービス	
長距離通話プランA	$10.95
合計長距離通話料金	$10.95
月額ブロードバンド料金	
プランB (1カ月100 GBまで)	$8.99
ルーターレンタル料金	$20.00
合計ブロードバンド料金	$28.99
料金総額については、裏面をご参照ください。	

鉄道に関するコンテンツ

111 railway [ˈreɪlweɪ] rエィlウェィ
Railways usually offer commuter passes.

112 track [træk] trアッk
The train leaves from track 3.

113 patience [ˈpeɪʃns] ペィシェンス
Thank you for your patience during this delay.

114 shortly [ˈʃɔːrtli] ショートリー
The next train will arrive shortly.

115 board [bɔːrd] ボーd
Please board the plane 30 minutes before departure.

116 passenger [ˈpæsəndʒər] パッセンジャー
All passengers should go through the security counter.

117 booth [buːθ] ブーth
The ticket booth is on your right.

118 boarding pass [ˈbɔːrdɪŋ pæs] ボーディング パス
Please have your boarding pass ready.

119 exchange [ɪksˈtʃeɪndʒ] イクスチェインジ
You can exchange money at the airport.

120 locate [ˈloʊkeɪt] ロウケィt
The middle car is where the conductor is usually located.

和訳　check! 1.☐ 2.☐ 3.☐ 4.☐ 5.☐

111　鉄道（会社） 名
通常、鉄道会社は通勤定期券を提供します。

112　線路 名
電車は3番線から発車します。

113　忍耐・辛抱強さ 名
今回の遅延に際しまして、ご辛抱いただきありがとうございます。

114　すぐに・まもなく 副
次の電車がまもなく到着します。

115　乗車する 動
出発する30分前までに、飛行機に搭乗してください。

116　乗客 名
全乗客に防犯カウンターを通過していただきます。

117　ブース 名
切符売り場は右手にあります。

118　乗車券・搭乗券 名
乗車券をご準備願います。

119　交換する 動
お金は空港で両替できます。

120　(場所を) 見つける 動
通常、中ほどの車両に車掌はいます。

Passage 12 : Railroad

Railway Station Announcement

Ladies and gentleman, could I have your attention please.

We would like to apologize for a delay in the Greyline Express from Ontario. It will arrive at 2:30 p.m. on track 2, about 30 minutes behind schedule, due to a medical emergency. Thank you for your patience and understanding.

The Calico Super Express bound for Quebec will be arriving shortly on track 4. It will be ready for boarding at 1 p.m. Passengers boarding the express, please stay in the waiting lounge until you hear the boarding call.

If you have not yet checked your luggage for the Calico Super Express, please do so at the booth next to door 5. Also, please do not forget to exchange your train ticket for a boarding pass. You can exchange your tickets at the ticket counter located in the center of the station. You must have a boarding pass and a confirmed seat before boarding the Calico Super Express.

If you have any questions, please go to the information booth.

Thank you.

和訳

check! 1. □ 2. □ 3. □ 4. □ 5. □

鉄道駅での案内

乗客の皆様にお知らせいたします。

オンタリオ発のグレイライン急行の遅れについてお詫び申し上げます。お客様の急病により30分遅れ、2番線に2時半に到着の予定です。皆様のご理解ご協力に感謝いたします。

ケベック行きのカリコ超特急は、4番線にもうまもなく到着いたします。午後1時より乗車準備が整います。乗車券をお持ちのお客様は、待合室で乗車案内をお待ちください。

カリコ超特急への荷物のチェックインを済ませていないお客様は、ドア番号5の隣のブースで行なってください。また、必ず切符を乗車券とお取り替えくださいますよう、お願いいたします。切符は、駅中央にある切符売り場で取り替えることができます。カリコ超特急に乗車する前に、乗車券と席の確保をお済ませください。

ご質問等ございましたら、情報案内所までお問い合わせください。

ありがとうございます。

教育に関するコンテンツ

121. ratio [reɪʃou] r エイショゥ
What is the average student to teacher ratio?

122. curriculum [kəriˈkjələm] カ r ィキュラ m
The school curriculum changes every year.

123. deem [diːm] ディー m
The president deemed the change necessary.

124. unfortunately [ʌnfɔːrtʃnətli] アン f ォーチュネッ t リー
Unfortunately, I never had the privilege to meet her.

125. proven [pruːvn] プ r ゥー v ン
This method has been proven effective.

126. effective [ifektiv] イ f ェクティ v
I need to find an effective way to study foreign languages.

127. establish [istæˈbliʃ] エスタブリッシュ
The school was established ten years ago.

128. imperative [impeˈrətiv] イン ペ r アティ v
It is imperative that we support each other to overcome this difficulty.

129. competent [kɑˈmpətnt] カンピテン t
He is a very competent teacher.

130. half-baked [hæˈf beɪkt] ハー f ベイ ク t
Don't start your business with a half-baked idea.

和訳

check! 1. ☐ 2. ☐ 3. ☐ 4. ☐ 5. ☐

121 **割合・比率** 名
教師に対する生徒の割合の平均はどれくらいですか？

122 **教育課程・カリキュラム** 名
学校の教育課程は毎年変わります。

123 **〜と考える・判断する** 動
社長は変化が必要だと判断しました。

124 **不幸にも・残念ながら** 副
残念ながら、彼女に会う機会に恵まれませんでした。

125 **証明された** 動
この方法は効果的だと証明されました。

126 **効果的な** 形
外国語を学ぶのに効果的な方法を見つける必要があります。

127 **設立する・確立する** 動
学校は、10年前に設立されました。

128 **必須の・緊急の** 形
この危機を乗り越えるために、お互い支えあうことが不可欠です。

129 **有能な・優秀な** 形
彼はとても優秀な教師です。

130 **中途半端な・生半可な** 形
自分の事業を生半可な考えで始めないでください。

Passage 13 : Education

English in Elementary Schools

Recently Japan started teaching English classes in public elementary schools. Previously, English classes were not offered until junior high school.

English was added to the elementary school curriculum because the government deemed it necessary. In this Internet-connected international era, they believed it would be more efficient for students to start learning English at an earlier age, as in some of the other Asian countries.

Unfortunately, a proven and effective English curriculum for elementary students hasn't yet been established. There are too few class hours. The student to teacher ratio is too high. And chances to practice conversation skills are too limited. It's uncertain whether this kind of curriculum will make any difference in the long-run.

The elementary school English education program needs help urgently. It's imperative that English and children's education specialists be brought in to analyze the existing classes and then develop a competent and efficient English program.

If we continue with this half-baked "English for globalization" effort, it might make some students hate English even before they've had a chance to study it. This would be completely opposite from what the government originally wanted to achieve. Talk about irony…

和訳　　　　　　　　check! 1.□ 2.□ 3.□ 4.□ 5.□

小学校での英語授業

日本の公立小学校では、最近英語の授業が始まりました。これまで英語の授業は、中学から始められていました。

政府が必要と考えたため、英語は小学校の教育課程に追加されました。インターネットでつながった国際時代において、ほかのアジア諸国のように、低い年齢より英語の学習を開始するほうが効果的と考えたのです。

残念ながら、効果が実証されたような小学生向けの英語教育課程は、まだ確立されていません。授業時間が少なすぎます。教師一人当たりの生徒数比率が高すぎます。会話の練習をする機会が、あまりにも限られています。この教育課程が、長期的に何らかの変化をもたらすかどうかは未知数です。

小学校での英語教育プログラムへの支援が急務です。児童英語教育の専門家による既存授業の分析、適切で効果的な英語プログラムの開発が緊急課題です。

このまま中途半端な状態で、「グローバル化のための英語」の取り組みを続けてしまうと、勉強の機会を得る前に生徒は英語嫌いになってしまうかもしれません。これでは政府が本来目指していることと間逆です。皮肉なことです。

Target words & sentences No.14 Exercise

フィットネスに関するコンテンツ

2-47 ノーマル

131 **regime** [rəʒiː'm] rェジーm
You need a good regime for regular exercise.

132 **strain** [stre'in] スt rェイン
Don't strain yourself too much.

133 **sweat** [swe't] スウェッt
You can see the dancer's sweat from here.

134 **weightlifting** [we'it li'ftiŋ] ウェィt リfティング
I was a weightlifting champion in high school.

135 **straight** [stre'it] スt rェィt
Keep your legs straight.

136 **muscle** [mʌ'sl] マスl
My muscles are really sore.

137 **stiff** [sti'f] スティf
You need to stretch so you won't be stiff the next day.

138 **injury** [i'ndʒəri] インジュrィー
These are injuries caused by a fall.

139 **palm** [pɑː'm] パーm
Your palms should be facing forward while doing this pose.

140 **shoulder blade** [ʃo'uldər ble'id] ショゥルダー ブレィd
I feel a pain in my shoulder blade from doing too much exercise.

| 和 訳 | check! 1.☐ 2.☐ 3.☐ 4.☐ 5.☐ |

131
体制・制度 名
あなたには、規則的に運動するための良い方法が必要です。

132
酷使する 動
あまり無理をしないでください。

133
汗 名
ここからダンサーの汗が見えます。

134
ウェイトトレーニング・重量挙げ 名
私は高校で重量挙げのチャンピオンでした。

135
真っすぐな・一直線の 形
足をまっすぐに伸ばしてください。

136
筋肉 名
かなりの筋肉痛です。

137
硬い・こわばる 形
翌日からだがこわばらないように、ストレッチをする必要があります。

138
けが・負傷 名
これらは、ころんでできたけがです。

139
手のひら 名
このポーズをしているときは、手のひらを正面に向けてください。

140
肩甲骨 名
運動をしすぎて、肩甲骨に痛みを感じます。

Target words & sentences No.14

Passage 14 : Exercise

Physical activity and exercise are essential to staying healthy for people of any age. Even if you are over the age of 60, you can follow a fitness regime that doesn't require too much strain or sweat.

You should start slow, with light weightlifting and stretching, and gradually move towards your goals.

For weightlifting, you don't even need to use real weights: you can use full water bottles instead. Sit straight in a chair with your feet flat on the floor. Hold a bottle in each hand, with your arms at your sides, and then slowly lift the bottles above your head. Hold them there for one second, and then slowly bring the bottles back down. Repeat ten times.

After doing any kind of exercise, don't forget to stretch. Stretching will keep your muscles from getting stiff and can reduce the risk of injury.

Here is an easy and effective stretching exercise to do following the weightlifting. Sit on a chair as before, but this time, start with your arms at shoulder height and with the palms facing forward. Move your arms back slowly until the shoulder blades are pushed together and you feel slight discomfort. Stay in that position for up to 30 seconds before relaxing. Do this three to five times.

So, do you think you can do these exercises every day to stay healthy?

和訳　　　　　　　　　check! 1. ☐ 2. ☐ 3. ☐ 4. ☐ 5. ☐

身体活動や運動は、年齢を問わず健康維持には不可欠です。たとえ60歳以上であったとしても、あまり多くの負担が求められないやり方であれば、従うこともできるでしょう。

まずは、軽いウェイトトレーニングとストレッチなどからゆっくり始めて、徐々にゴールに向かっていくと良いでしょう。

ウェイトトレーニングは、本物のダンベルを使う必要はありません。その代わりとして、満タンの水のペットボトルを使います。足をぴったりと地面につけて、椅子にまっすぐに座ってください。手を脇に下げた状態で、両手にボトルを1つずつ持ってください。そのあと、ゆっくりとボトルを頭の上まで持ち上げます。その状態を1秒保持してから、ボトルをゆっくりと下に下ろします。10回これを繰り返します。

どんな運動の後でも、ストレッチは忘れないでください。ストレッチをすることで、筋肉のこわばりを防ぎ、怪我のリスクを減らすことができます。

ウェイトリフティング後にできる、簡単で効果的なストレッチを紹介します。先程と同様に椅子に座ってください、ただしここでは腕を肩まで上げて、手のひらを正面に向けた状態で始めます。肩甲骨が寄りつき、少しきついと感じるまで、腕をゆっくりと後ろに移動させます。30秒間その姿勢を保持してから、リラックスしてください。これを3回から5回、くり返してください。

健康維持のために、毎日こんな感じで運動してみませんか？

Target words & sentences No.15 Publishing

出版に関するコンテンツ

141 skyrocket [ska'i rɑ'kət] スカイrァケッt
The price skyrocketed last year.

142 represent [re`prize'nt] rェプリゼンt
It represents more than 20% of total sales.

143 ordinary [ɔ':rdəne`ri] オーディネrィ
These aren't ordinary books that can be found anywhere.

144 paperbacks [pe'ipər bæ'ks] ペィパーバックス
You can buy used paperbacks at the university co-op.

145 intense [inte'ns] インテンス
He was in intense therapy to overcome his injury.

146 competition [kɑ`mpəti'ʃən] カンペティション
We cannot let the competition win the race.

147 remain [rime'in] rィメイン
The temple remains standing even after 500 years.

148 distribution [di`stribju':ʃən] ディストrィビューション
The distribution system is complicated.

149 counterpart [kɑ'untərpɑ`:rt] カウンタパーt
Who is your counterpart in this department?

150 succumb [səkʌ'm] サカm
I have succumbed to the lure of tablet PCs.

和訳　check! 1.□ 2.□ 3.□ 4.□ 5.□

141 **飛躍的に上昇する** 動
値段は昨年、飛躍的に値上がりしました。

142 **表す・示す** 動
売り上げ全体の20％以上を示します。

143 **通常の・普通の** 形
これらはどこにでもある普通の本ではありません。

144 **ペーパーバック・紙表紙本** 名
大学の生協で、ペーパーバックの古本を買うことができます。

145 **激しい・集中的な** 形
彼はけがを克服するために、集中治療を行いました。

146 **競争相手・競争** 名
競争相手にレースで勝たせるわけにはいきません。

147 **依然として〜ままである** 動
その寺は500年たっても依然として残っています。

148 **販売・流通** 名
流通システムは複雑です。

149 **（別の会社などで）同等（対応する）の人** 名
この部門であなたと同じような立場の人は誰ですか？

150 **屈服する・敗れる** 動
タブレットＰＣの魅力に屈服しました。

Passage 15 : Publishing

eBooks vs. Paper books

Over the past several years, eBook sales have skyrocketed. According to the International Publisher's Organization, eBook sales have doubled in the U.S. alone. eBooks now represent more than 20% of total consumer book sales. They have become as ordinary as paperbacks.
It seems that eBooks are here to stay!

It's believed that the intense competition among eReader manufacturers has had a positive impact on this growth. Further, a very popular tablet PC was launched recently, giving eBook readers even more options.

However, eBooks have not really developed any market in Japan due to their unique publishing and distribution systems. Japanese authors and readers, as well as publishing industry representatives, seem to be more reluctant to part with their paper books than their counterparts around the world.

Will Japan remain a haven for printed books or will it succumb to the convenience of eBooks? The answer should become clear very soon!

和訳　　　check! 1.□ 2.□ 3.□ 4.□ 5.□

電子書籍 vs. 印刷版書籍

過去数年で、電子書籍の売り上げは飛躍的に伸びました。国際出版団体によると、電子書籍の売り上げは米国単独で２倍になりました。電子書籍は、現在書籍販売の 20％以上を占めています。電子書籍はペーパーバック同様ありふれたものになってきました。それほどに定着しているようです。

電子書籍端末メーカー間の激しい競争が、成長にプラスの影響を与えたと考えられています。さらに、とても人気のあるタブレットＰＣが最近販売され、電子書籍読者の選択肢が広がりました。

一方日本では、独特の出版や流通システムのために、電子書籍が市場を形成するまでには至っていません。日本の作家や読者、そして出版業界の代表者たちは、世界の同じような立場の人たちと比べて、紙の本をあまり手離したくないようです。

日本は印刷書籍にとって聖域であり続けるのでしょうか、それとも電子書籍の利便性に負けるのでしょうか？その答えは間もなく明らかになるでしょう。

Target words & sentences No.16 Electronic devices
電子機器に関するコンテンツ

2-49 ノーマル

151 device [dɪvaɪs] ディvアイス
How many ebook reading devices are there on the market?

152 camcorder [kæmkɔːrdər] キャムコーダー
There are camcorders smaller than my phone.

153 definitely [defənətli] デfィニットリー
I will definitely call you.

154 instead [ɪnsted] インステッd
The company used the new supplier on a trial basis instead.

155 relatively [relətɪvli] rェラティvリー
These are relatively new products.

156 leverage [levərɪdʒ] レvァrィッジ
What are you going to use as leverage?

157 subsidiary [səbsɪdieri] サブスィディェrィ
We have twenty-two subsidiaries overseas.

158 edge [edʒ] エッジ
You need an edge to get into the market.

159 competitor [kəmpetətər] コンペティター
Our competitor just released a new product.

160 mature [mətʊər] マチュァ
The wine needs to mature more.

和訳 check! 1.☐ 2.☐ 3.☐ 4.☐ 5.☐

151 機器 名
市場には、電子書籍を読むための機器はいくつ出ているのでしょうか？

152 （携帯の）ビデオカメラ・カムコーダー 名
私の電話より小さいカムコーダーがあります。

153 確かに・明確に 副
あなたに必ず電話します。

154 その代わりに・それどころか 副
会社は、代わりに新しいサプライヤを試験的に使用しました。

155 比較的 副
これらは比較的新しい製品です。

156 力・影響力 名
何を影響力として使いますか？

157 子会社 名
海外に22の子会社があります。

158 強み・優位性 名
市場参入には強みが必要です。

159 競争相手・競合他社 名
私たちの競合他社は新しい製品を発表したばかりです。

160 熟成する 動
このワインはもっと熟成する必要があります。

Passage 16 : Electronic devices

Trend Study: Drop in Market for Single-Purpose Electronic devices

Askars Systems has exited the slow-growing market for single-purpose consumer electronics devices by closing its subsidiaries that produce small camcorders.

Consumers definitely want to film, record and share their videos, but they are becoming less interested in buying devices focused solely on one function. That's because they can use other electronic devices, such as smartphones or personal media players, instead. It's predicted that over the next few years there will be relatively little growth in the dedicated camcorder market.

Askars is planning to leverage their strength in small camcorder technology to develop a new kind of smartphone that will be launched next month. It will offer unique touches that will give it an edge on its competitors.

A similar decision was made by ComStars when they abandoned the manufacture of small digital cameras.

As the market for smartphones matures, we should expect to see more moves like these from companies manufacturing single-purpose electronic devices.

和訳

check! 1. ☐ 2. ☐ 3. ☐ 4. ☐ 5. ☐

トレンド研究：単一機能型電子機器市場の落ち込み

アスカーズ・システムズ社は、小型カムコーダー生産会社を閉鎖し、成長が低迷する単一機能型家電市場から撤退しました。

消費者ニーズは、ビデオの撮影・記録・共有へ確実に向かっています。一方、単一機能型機器への関心は後退しています。これに代わり、スマートフォンやパーソナルメディアプレイヤーなどの他の機器が台頭しています。カムコーダー単体市場では、相対的には、向こう数年間、低迷し続けることでしょう。

アスカーズは、自社の小型カムコーダー技術能力を活用し、来月販売予定の新型スマートフォンの開発を計画しています。これは、競合他社に対して優位な差別化となることでしょう。

コムスターズ社も同様な決断に至り、小型デジタルカメラの生産を中止しました。

スマートフォン市場の成熟により、単一機能型電子機器メーカーの市場再編はさらに進むことでしょう。

Target words & sentences No.17 Pharmaceuticals
製薬に関するコンテンツ

161 **vaccine** [væksí:n] ヴァクスィーン
Vaccines are very important in developing countries.

162 **infectious disease** [infékʃəs dizí:z] インフェクシャス ディズィーズ
I was tested for infectious diseases.

163 **intravenous injection** [intrævíːniəs indʒékʃən] イントラヴィニアス インジェクション
We are developing a device for delivering intravenous injections.

164 **vaccination** [væ̀ksənéiʃən] ヴァクスィネーション
The donation was used to fund a vaccination program in Africa.

165 **usher** [ʌ́ʃər] アシャー
The doorman ushered me into the hotel.

166 **era** [éərə] エラァ
This is the era of ebooks.

167 **breakthrough** [bréikθrùː] ブレイクthルゥー
He made a breakthrough in modern medicine.

168 **expertise** [èkspəːrtíːz] エクスパティーズ
The doctor offered his medical expertise.

169 **pharmaceutical** [fɑ̀ːrməsjúːtikl] ファーマシューティカl
I want to work in a pharmaceutical company and develop new medicines.

170 **medical** [médikl] メディカl
There was a medical emergency at the train station.

和訳　check! 1.☐ 2.☐ 3.☐ 4.☐ 5.☐

161 **ワクチン** 名
発展途上国ではワクチンはとても重要です。

162 **感染病・伝染病** 名
私は感染病の検査を受けました。

163 **静脈注射** 名
私たちは、静脈内投与向け器具を開発しています。

164 **ワクチン接種** 名
寄付は、アフリカのワクチン接種プログラムの資金として使用されました。

165 **先導（案内）役となる** 動
ドアマンが私をホテルに迎え入れてくれました。

166 **時代** 名
今は電子書籍の時代です。

167 **躍進・飛躍的進歩** 名
彼は現代医学に飛躍的進歩をもたらしました。

168 **専門知識** 名
医者は自分の医学的専門知識を提供しました。

169 **薬剤の** 形
私は製薬会社に勤め、新薬の開発がしたいです。

170 **医学の・医療の** 形
駅で急病人が出ました。

Passage 17 : Pharmaceuticals

ToyamaPharma and TenCell to Jointly Develop Vaccine for Infectious Disease

TenCell announced today that it has made an agreement with ToyamaPharma to jointly develop a new vaccine for infectious diseases. They will utilize TenCell's existing intravenous injection device as the delivery mechanism.

It has generally been believed that the Japanese vaccination system was below the global standard due to the delay in introducing globally available vaccines to Japan. Fortunately, this situation has greatly improved in recent years. The two companies believe that they will usher in a new era in Japanese vaccination delivery with this joint development effort.

Both companies will try to make a breakthrough in vaccine development by combining their expertise in pharmaceuticals and medical devices.

With this agreement, the companies will further research wider applications for the device, using various types of vaccines that have never been tried before.

和訳

富山ファーマとテンセル、感染病用ワクチン共同開発へ

テンセルは、感染病用新型ワクチン共同開発で、このたび富山ファーマとの契約に合意したと発表しました。両社は、投与形態として、テンセル社製静脈注射器を従来どおり使用する予定です。

海外で利用可能なワクチンの日本への導入が遅れているため、日本のワクチン接種システムは世界標準に達していないと一般的に考えられてきました。幸い、ここ数年で状況は大幅に改善されてきました。両社は、共同開発への取り組みが、ワクチン接種システムの新時代の幕開けとなることを期待しています。

両社が持つ、薬学と医療器械の専門知識を組み合わせることで、ワクチン開発の飛躍的発展が期待されます。

この合意により、両社はこれまで試されてこなかったさまざまなワクチンを使い、機器の用途拡大に向けた研究を進めていく予定です。

Target words & sentences No.18 Consulting

コンサルティングに関するコンテンツ

2-51 ノーマル

analyze [ǽnəlàiz] アナライズ
171 Please analyze this sample carefully.

internal [intə́ːrnl] インターナl
172 First, you have to resolve internal issues.

issue [íʃuː] イシュー
173 There are many issues within the company.

transformation [træ̀nsfərméiʃən] trアンスfォーメェィション
174 The transformation took a year to complete.

region [ríːdʒən] rィージョン
175 This comes from a famous wine-producing region in France.

growth [gróuθ] グrオゥth
176 There was a large population growth.

earnings [ə́ːrniŋs] アーニングス
177 Earnings improved 10% last year.

detrimental [dètrəméntəl] デtrィメンタl
178 Smoking is detrimental to your health.

operational [ɑ̀pəréiʃənəl] アペrェィショナl
179 You are responsible for operational procedures.

productivity [pròudʌktívəti] プrォダクティvィティー
180 Productivity increased 20% compared to three months ago.

| 和訳 | check! 1.☐ 2.☐ 3.☐ 4.☐ 5.☐ |

171 分析する 動
このサンプルを慎重に分析してください。

172 内部の 形
最初に内部的な問題を解決しなくてはなりません。

173 問題・関心事 名
社内に多くの問題があります。

174 変化 名
変化には一年かかりました。

175 地方・地域 名
これは、フランスの有名なワイン生産地域から来ています。

176 成長 名
人口が大きく成長しました。

177 所得・利益・所得 名
昨年収益は10%改善しました。

178 有害な 形
喫煙はあなたの健康に有害です。

179 運営の・運用の 形
運営上の手順については、あなたに責任があります。

180 生産性 名
3ヶ月前に比べて生産性が20%増加しました。

Passage 18 : Consulting

An Example of Our Past Consulting Work

In our capacity as a consulting firm, Globalvision was asked by one of our clients to analyze their business, diagnose serious internal issues and develop an appropriate organization-wide transformation strategy. This strategy was to focus on establishing a new, high-performance corporation and developing market-leading performance in the region, with resultant strong growth and high earnings.

We were able to find three serious issues that were detrimental to our client's corporate effectiveness: poor collaboration, very weak performance management and ineffective communication.

The consulting team developed new strategies and made recommendations to strengthen human resources, improve performance and career management and so on. Results of these efforts have been seen in three key areas: staff morale, operational productivity and new business acquisition.

Project surveys showed a dramatic improvement in overall staff morale, with 80% of those surveyed reporting a positive change. Operational areas were drastically improved, resulting in increases in productivity and new business.

Our clients were satisfied with the results and we are very happy to have helped them achieve their goals.

和訳

check! 1. ☐ 2. ☐ 3. ☐ 4. ☐ 5. ☐

コンサルティング業務実績

グローバルビジョンは、ある顧客からコンサルティング会社としての力量を見込まれ、事業分析、重要性の高い内部課題の診断、適切な組織改変戦略の構築を依頼されました。この戦略では、結果として確かな成長と高収益につながるよう、好業績を上げられる新組織を作り上げ、地域市場を先導することに注力しました。

顧客の組織効率を阻害する要因が3つ浮き彫りになりました。協働性の欠落、脆弱な業務管理、効果的なコミュニケーションの欠落でした。

コンサルティングチームは、新戦略を練り上げ、人材強化、業務ならびにキャリア改善などを提案しました。これらの取り組みの結果は、従業員の士気、生産性、新規事業獲得、これら3つの主要分野に現れました。

プロジェクト調査によれば、従業員全体の士気は劇的に改善され、調査対象者の80％が好ましい方向に変化したと報告しています。業務分野でも大幅な改善が見られ、結果として生産性や新規事業獲得にも好影響を及ぼしています。

このような結果に顧客は満足しています。そして、私たちも顧客の目標達成の支援ができたことをうれしく思います。

Target words & sentences No.19 Energy

エネルギーに関するコンテンツ

nuclear [njuːˈkliər] ニュークリア
181 We need to be aware of how nuclear waste is handled.

disaster [dizæˈstər] ディザスター
182 What kind of disaster happened at the plant?

release [riliːˈs] rィリース
183 Release the news immediately!

precede [prisiːˈd] プrィスィーd
184 An explosion preceded the fire.

attribute [ətriˈbjuːt] アトrィビュート
185 The incident can be attributed to faulty equipment.

regulatory [reˈgjələtɔːri] rェギュラトrィー
186 Regulatory actions were taken after the accident.

abandon [əbæˈndən] アバンダン
187 People had to abandon their homes.

commitment [kəmiˈtmənt] コミッtメンt
188 The government must show commitment to its people.

conclude [kənkluːˈd] コンクルーd
189 The plant inspection was concluded.

alternative [ɔːlteˈːrnətiv] オーlタナティv
190 We have to consider alternative energy sources for our future.

和訳   check! 1.□ 2.□ 3.□ 4.□ 5.□

181 **原子力・核の** 形
私たちは、核廃棄物がどのように扱われているかを知っておく必要があります。

182 **(大)災害・惨事** 名
工場でどんな惨事が起きたのですか？

183 **開放する・発表する・公表する** 動
このニュースをすぐに公表しなさい

184 **～に先行する・先立つ** 動
火事に先立って爆発がありました。

185 **～のせいにする・～に起因すると考えられる** 動
この事故は欠陥機器に起因すると考えられます。

186 **規制する・規定力をもつ** 形
事故の後、規制措置がとられました。

187 **捨てる・放棄する** 動
人々は自分の家を捨てなくてはなりませんでした。

188 **義務・責務** 名
政府は国民に責務を果たすことを示さなくてはなりません。

189 **結論を出す・終了する** 動
工場の検査は終了しました。

190 **代替(案)手段の** 形
私たちは未来のために代替エネルギー源について考えなくてはなりません。

Passage 19 : Energy

The Nuclear Power Industry Post-Fukushima Disaster

Last year was not a good year for the nuclear power industry, and this year seems as if it will be even worse, according to an American economist.

For the nuclear power industry, 2011 was the year of one disaster after another. Moreover, experts see continuing challenges in the future that will make it extremely difficult for the nuclear power industry to expand.

A recently released research paper suggests that the cost of nuclear power, which had already jumped high in the years immediately preceding the disaster, could increase by another 50 percent. This increase is attributed to stricter safety measures and regulatory delays.

Several nations have already decided to scale back or abandon their commitments to nuclear power in the wake of last year's disaster.

The research concludes that time is running out for the energy industry to find an alternative to nuclear power. As some say, it might already be too late.

和訳　　　　　　　　　check! 1.☐ 2.☐ 3.☐ 4.☐ 5.☐

福島原発事故後の原子力業界

昨年は、原子力業界にとって良い年ではありませんでした。アメリカの経済学者によれば、今年はさらに悪い年になりそうだということです。

原子力業界にとって、2011年は災害が続発した一年でした。その上、将来にわたる相次ぐ難題により、原子力産業が発展していくのは非常に厳しいと、専門家は見ています。

最近発表された調査報告は、事故前からすでに高騰していた原子力コストが、さらに50パーセント上昇する可能性を指摘しています。大幅に引き上げられる安全基準や、今後の対応の遅れが、コスト上昇につながっていくと考えられます。

昨年の原発事故を受け、海外の数カ国が、原子力の縮小もしくは撤廃をすでに決定しました。

エネルギー業界には、原子力発電の代替エネルギーを見つける時間がそれほど残されていない、と調査報告は結んでいます。一部の人が言うように、すでに手遅れなのかもしれません。

貴金属に関するコンテンツ

2-53 ノーマル

fool-proof [fúːl prúːf] フゥール プルーフ
191 There is no such thing as a fool-proof plan.

charm [tʃάːrm] チャーm
192 Many good luck charms are sold at Shinto shrines.

asset [ǽset] アセット
193 I have to evaluate the current state of my assets.

foresight [fɔ́ːrsàit] フォーサイt
194 He had the foresight to sell the stocks before the market crash.

investment [invéstmənt] インvェstメンt
195 Wise investments made now will help you in the future.

backdrop [bǽk drɑ̀p] バックドrアップ
196 Stocks declined against a backdrop of political uncertainty today.

unsteady [ʌnstédi] アンステディ
197 Prices have been unsteady the past week.

reliable [riláiəbl] rィラィアブl
198 Is this information from a reliable source?

liquidate [líkwidèit] リクィディt
199 We need to liquidate our assets quickly.

either way [íːðər wèi] イーth アーウェイ
200 Either way works fine for me.

| 和訳 | check! 1.□ 2.□ 3.□ 4.□ 5.□ |

191
絶対確実な・絶対安全な 形
絶対確実な計画なんてありません。

192
お守り 名
神社では幸運のお守りが多数販売されています。

193
資産・財産 名
私の現在の資産状況を見積もらなくてはなりません。

194
先見（の明），洞察（力） 名
彼には、市場暴落の前に株を売る、先見の明がありました。

195
投資 名
今なされた賢明な投資が、将来あなたを助けることでしょう。

196
背景・状況 名
現在の政治不安を背景に、株価が下落しました。

197
不安定な 形
この一週間、価格は不安定でした。

198
信頼できる・信頼性のある 形
この情報は、信頼できる情報源からのものですか？

199
換金する 動
私たちは財産をすばやく換金する必要があります。

200
どちらでも 名
私はどちらでも良いです。

Passage 20 : Metal

Gold as your fool-proof asset

Did you know that the price of gold has increased by almost 90% per year during the last century? Many Asian parents give their daughters gold charms so that they can carry their assets with them. This demonstrates good foresight.

According to the news, the price of gold in February 2012 was about $1,770 per ounce. The price of gold in February 1912 was only $20 per ounce, which means that the price of gold has increased by an average of 85% per year. This means that gold has held its value better than most other investments, despite two World Wars, recessions and hyper-inflation.

Against the backdrop of an unsteady stock market and other financial markets, many global investors are now eyeing gold as a reliable investment, particularly because it can be liquidated quite easily.

So for next year, we are expecting additional increases in the price, investment and production of gold. Some say now is the time to sell, while others say to keep it a while longer. Either way, buying or selling, gold seems to be a good investment for next year.

和 訳　　　　　　　　check! 1. ☐ 2. ☐ 3. ☐ 4. ☐ 5. ☐

手堅い資産としての金

過去一世紀にわたって、金の価格が毎年90％のペースで上昇していたことをご存知でしょうか？アジアでは、財産を身にまとえるようにと、多くの親たちが娘に金のお守りを贈ります。親たちの先見性が伺えます。

ニュースによれば、2012年2月における金の価格は1オンス1,770ドルでした。1912年同月における金の価格は、1オンスにつきわずか20ドルでした。金の価格は、平均すると1年85％のペースで上昇してきたことになります。二度にわたる世界大戦、不況、ハイパーインフレに見舞われつつも、金は他の何よりも優れた投資対象であり続けました。

不安定な株式市場や他の金融市場を背景に、投資家たちはとりわけ優れた換金性から、金を信頼できる投資対象として注目しています。

来年は、金の価格、投資、生産がさらに上昇すると見込まれています。今が売り時と言う人がいる一方で、しばらく手元に残しておくようにと言う人がいます。売るにせよ、買うにせよ、いずれにしても、金が来年期待の投資対象になりそうです。

Target words & sentences No.21 Investments

投資に関するコンテンツ

2-54 ノーマル

201 struggle [strʌ'gl] ストrアグl
Investors are struggling to recover from the loss.

202 tenant [te'nənt] テナンt
There are ten tenants in the building.

203 uncertain [ʌnsəˈːrtn] アンサーtン
I am uncertain when the store will be open.

204 miss [mi's] ミス
Don't miss out on any chance to see the world.

205 opportunity [ɑ`pərtjuˈːnəti] アパチューニティー
This kind of opportunity doesn't come often.

206 entertainment [e`ntərteˈinmənt] エンターテインメンt
The entertainment industry seems like a glamorous place to work.

207 endure [endjuˈər] エンデュア
The dogs endured the cold at the South Pole.

208 skyscraper [skaˈiskreˌipər] スカイスクrェイパー
There are numerous skyscrapers in Tokyo.

209 individual [iˋndəviˈdʒuəl] インディvィデュアl
Individual investors finally got the chance to win.

210 spot [spɑ't] スパッt
I found a good spot to watch the parade from.

和訳 check! 1.☐ 2.☐ 3.☐ 4.☐ 5.☐

201 **もがく・奮闘する** 動
投資家たちは損失から回復しようと苦労しています。

202 **賃借人・借家人** 名
このビルにはテナントが10軒入っています。

203 **不確かな** 形
いつ店が開くのかはっきりしません。

204 **逃す・見逃す** 動
世界を見る機会を見逃さないでください。

205 **機会** 名
このような機会はめったに訪れません。

206 **エンタテインメント・芸能** 名
芸能界は華やかな職場に見えます。

207 **耐える・我慢する** 動
犬たちは南極で寒さに耐えました。

208 **高層ビル** 名
東京には多数の高層ビルがあります。

209 **個人の** 形
個人投資家はついに、勝機を手に入れました

210 **場所・地点** 名
パレードを見るのに良い場所を見つけました。

Passage 21 : Investments

Getting your money back with movies and TV

Are you a city property owner who has been struggling to fill buildings with tenants for the past few years, because of the uncertain economic outlook? If you are, you won't want miss this investment opportunity! The entertainment industry is helping property owners endure the financial crisis by turning empty offices into film sets. And these opportunities are turning out to be a very good investment.

For example, a skyscraper currently being built has already been designated as the location for an upcoming TV action drama. This will raise about $1,500 to $7,000 per day for the owner. Film companies pay similar rates and can make use of not only individual buildings, but an entire street block, if necessary. In addition to supporting film and television shows, a growing number of developers are also renting their properties out for special entertainment events.

If you are interested, don't be too late getting into this new trend in property investment. Many of the hot spots are going fast, as the number of properties is limited to begin with.

和訳

check! 1. ☐ 2. ☐ 3. ☐ 4. ☐ 5. ☐

テレビと映画でお金を取り戻しましょう

これまでの数年間、都市部の不動産オーナーは、不透明な経済情勢の下、自社ビルをテナントで埋めることに苦戦してきました。もしあなたもその一人なら、この投資機会をお見逃しなく！エンターテイメント業界は、空きオフィスを映画撮影セットに転用し、不動産オーナーが金融危機を乗り越えられるよう、支援しています。こうした空きオフィスの転用が、かなり魅力的な投資対象であることがわかってきました。

一例として、現在建設中の高層ビルに、放映予定のテレビアクションドラマのロケ現場としてすでに指定されているものがあります。これでビルの所有者は一日あたり1,500ドルから7,000ドルを得られます。映画会社は同様な金額を支払ってくれるだけでなく、必要であれば、ビルに限らず街区全体を使ってくれる可能性もあります。

映画やテレビ番組だけでなく、特別なエンターテイメントイベントのために不動産を貸し出す不動産開発業者も増えてきています。

ご興味を持っていただけたら、不動産投資のこうした新しいトレンドに乗り遅れませんように！そもそも不動産は数に限りがあるため、多くの人気物件が早々と決まっていきますので。

メディアに関するコンテンツ

211 navigate [næ'vigeˌit] ナvイゲイt
It is difficult to navigate in the dark.

212 wisely [wa'izli] ワイズリー
My grandmother told me to use my money wisely.

213 unaffiliated [ənəfi'lieˌitid] アンアfィリエィティd
They are unaffiliated with our company.

214 presence [pre'zns] プrェゼンス
Movie stars of the past had great presence and commanded respect.

215 extremely [ekstri'ːmli] エクストrィームリー
We were extremely lucky to get the tickets.

216 availability [əveˌiləbi'ləti] アvェイラビリティー
When a theater group's popularity rises, their ticket availability drops.

217 acquire [əkwa'iər] アクワィア
The company acquired a new plant.

218 accurate [æ'kjərət] アキュrェッt
He gave an accurate account of the accident.

219 primary [pra'imeˌri] プrアイマrィ
The primary reason for the failure was insufficient preparation.

220 aforementioned [əfɔ'ːrme'nʃənd] アfォーメンションd
Please buy the aforementioned books today.

| 和訳 | check! 1.□ 2.□ 3.□ 4.□ 5.□ |

211 **操縦する・注意しながら進む** 動
暗闇を進むのは難しいです。

212 **賢明に** 副
祖母は私にお金を賢く使うように言いました。

213 **つながりのない** 形
彼らは私たちの会社とは無関係です。

214 **存在感** 名
過去の映画スターたちは、存在感も大きく、尊敬も集めていました。

215 **非常に・極端に** 副
チケットが取れて非常に幸運でした。

216 **利用できること・入手可能性** 名
劇団の人気が上がると、チケット入手が難しくなります。

217 **取得する・入手する** 動
会社は新しい工場を取得しました。

218 **正確な** 形
彼は事故について正確な報告をしました。

219 **第一の・主な** 形
失敗の主な原因は準備不足です。

220 **前述の** 形
前述の本を今日買ってください。

Passage 22 : Media

Learn to better navigate on the Internet by using available media tools wisely and efficiently.

Today most media outlets have a presence on the Internet. It would be difficult, or perhaps even impossible, to find a media company without a Web site or a social networking account, such as Facebook or Twitter. This is because the Internet's wide availability has made it easier for consumers to acquire information online.

The problem with Web sites, though, is how to determine if the information they provide is accurate. At least on the media's own sites and accounts, such as those for newspapers and wire networks, the information should have been fact-checked before it was published online.

But, on other unaffiliated sites, readers have no idea whether the information is misleading or even an outright lie! So if you are using the Internet as your primary source of information, be extremely cautious. Just because the information is available online, does not mean it is the truth.

Since readers can't employ fact-checking staff like the newspaper companies to verify information, what they need is a reliable source that could serve as a measuring stick, such as the aforementioned news media sites.

和訳　　　　　　　　　check! 1. ☐ 2. ☐ 3. ☐ 4. ☐ 5. ☐

利用可能なメディアツールを、賢く効果的に使い、インターネットをより上手に活用しましょう。

現在、インターネット上に、メディア各社のほとんどが存在感を放っています。ウェブサイト、あるいは、フェイスブックやツイッターなどのソーシャルネットワーキングのアカウントを持たないメディア企業を探すことは、困難、あるいはほぼ不可能といえるでしょう。インターネットが普及したことで、消費者がオンライン上で情報を得ることが容易になったことが背景にあります。

ウェブサイトでの問題は、取得した情報の正確性の見極め方にあります。少なくとも、新聞や通信社向けのメディアサイトやアカウントにおいては、オンラインで公表される前に、その情報の事実確認がなされていなければなりません。

しかしながら、他の独立系サイトにおいては、その情報が誤解を招きやすいものなのか、まったくの嘘なのかさえ、読者にはわかりません。したがって、インターネットを主要情報源として使っているのであれば、とりわけ注意が必要です。情報がオンラインで入手できるからといって、それが真実だとは限らないのですから。

読者は、情報の真偽を確かめるために、新聞社のように事実確認要員を雇うことはできません。そのため、読者は先述のニュースメディアサイトのような、チェック機関として信頼できる情報源を必要とするのです。

Target words & sentences No.23 IT

ITに関するコンテンツ

2-56 ノーマル

unbelievable [ʌnbili'ːvəbl] アンビ**リー**vァブl
221 It's unbelievable that you have never seen a baseball game.

decade [de'keid] **デケイ**d
222 Decades have passed since the last time I saw you.

accessory [əkse'səri] アク**セ**サrィー
223 Don't forget to buy all the accessories.

nonexistent [nonigzi'stnt] ノンイグ**ズィ**ステンt
224 Until twenty years ago, cell phones were nonexistent.

ecommerce [iːˈkɑ'mərs] **イー**カマース
225 I cannot live without ecommerce.

hand-held [hæ'nd he'ld] ハンd **ヘル**d
226 I saw a great hand-held vacuum cleaner on TV.

GPS [dʒiːpiːˈes] **ジー**ピーエス
227 Most cell phones come with a built-in GPS system.

fiction [fi'kʃən] **f**ィクション
228 The local library has a great fiction section.

multi-billion [mʌ'lti biˈljən] **マル**ティビリオン
229 We had become a multi-billion dollar corporation.

numerous [njuː'mərəs] **ニュ**メrァス
230 You can choose from numerous areas of studies.

和訳

check! 1. ☐ 2. ☐ 3. ☐ 4. ☐ 5. ☐

221 **信じられない** 形
野球の試合を見たことがないなんて、信じられません。

222 **10年** 名
最後にあなたにお目にかかってから、何十年も経ちました

223 **アクセサリー・装飾品** 名
アクセサリーすべてを買うのを忘れないでください。

224 **存在しない** 形
20年前までは、携帯電話は存在しませんでした。

225 **電子商取引・Eコマース** 名
電子商取引なしでは生きていけません。

226 **ハンドヘルドの・手で持てる大きさの** 形
テレビでとてもよさそうな手持ちの掃除機を見ました。

227 **GPS（Global Positioning System 全地球測位システム）** 名
ほとんどの携帯電話にはGPSシステムが内臓されています。

228 **フィクション** 名
地元の図書館には、すばらしいフィクション小説のセクションがあります。

229 **数十億の** 形
私たちは、数十億ドル企業になりました。

230 **多くの・多数の** 形
多数の学習分野から選ぶことができます。

Passage 23 : IT

It is almost unbelievable that up until two decades ago, the Internet was practically nonexistent. In the beginning, ecommerce was laughed at as a crazy idea. A cell phone that could also be a handheld gaming center, a GPS device, camera, music player and an Internet access device was science fiction twenty years ago. Not any longer!

Today ecommerce companies are multi-billion dollar companies. Ten percent of all clothing, shoes, and accessories are purchased online. And it's not only shopping. You can look for jobs, play games, study and even find a relationship online. Every day, people are finding more ways to connect online. There are numerous social networking sites connecting people all over the world.

Compared to other industries, the Internet is far from a mature one. It still has great growth opportunities. We should keep working on finding and creating more opportunities using the Internet.

和訳

check! 1. ☐ 2. ☐ 3. ☐ 4. ☐ 5. ☐

20年前までインターネットがほとんど存在しなかったことは、信じがたいと言ってよいでしょう。当初、電子商取引は、実現性のない考えとして見向きもされませんでした。携帯ゲーム機能、GPS、カメラ、音楽プレイヤー、インターネット接続機能を搭載した携帯電話は、20年前は科学的空想でした。時の流れを感じずにはいられません。

eコマース企業も、今日では数十億ドル規模の企業です。衣類、靴、アクセサリー類全体の10パーセントがインターネットで購入されています。ショッピングにとどまりません。仕事探しも、ゲームも、学習も、出会いすらもインターネットで探せるのです。人々はネット上でつながる方法を、日々次々と見つけていきます。世界中の人々をつなぐソーシャルネットワーキングサイトも数多く存在します。

他の業界に比べ、インターネットは成熟にはまだ遠い業界です。急成長の可能性もまだ秘めています。インターネットを使い、さらなる機会を見つけ、創出することを、私たちは続けていくことになりそうです。

Target words & sentences No.24 Entertainment

エンターテインメントに関するコンテンツ

notice [nóutəs] ノウティス
231 Did you notice the new poster on the wall?

close [klóus] クロウス
232 I like to keep my enemies close.

lately [léitli] レイトリー
233 Lately there hasn't been anything good on TV.

top-grossing [tɑp gróusiŋ] タップ グrオゥスィング
234 The top-grossing animation film was from Japan.

remake [riméik] rィメイk
235 The movie is a remake of a '50s TV show.

reboot [ribúːt] rィブーt
236 The series is a reboot with a whole new cast.

adaptation [ædəptéiʃən] アダプテイション
237 Film adaptations can be inferior compared to the books they're based on.

celebrity [səlébrəti] セレブrィティー
238 Celebrities often visit this restaurant.

desperately [déspərətli] デスパrェットリー
239 He desperately needs a job so he won't starve.

cultivate [kʌ́ltəvèit] カルティvェイt
240 You need to cultivate new friends when you move.

| 和訳 | check! 1.☐ 2.☐ 3.☐ 4.☐ 5.☐ |

231 気がつく 動
壁にかかっているポスターに気がつきましたか？

232 近い 形
私は敵が近くにいるほうがいいです。

233 最近 副
最近テレビで面白い番組がありません。

234 最高の興行収入を挙げた 形
最高の興行収入を挙げたアニメ映画は、日本のものでした。

235 リメイク・改作 名
その映画は、50年代のテレビ番組のリメイクです。

236 リブート・コンピュータシステムの再起動 名
そのシリーズは、まったく新しい出演者によるリブートです。

237 脚色・改作 名
映画化したものは、原作本よりも劣ることがあります。

238 有名人 名
芸能人たちが、このレストランによく訪れます。

239 必死に・やけくそになって 副
彼は、食べていくために、どうしても仕事が必要です。

240 養う・はぐくむ 動
引越しをすると、新しい友達を作らなければなりません。

Passage 24 : Entertainment

Hollywood and the Reboot Trend

Have you noticed there haven't been many original movies lately? In fact, of the top-grossing twenty-five films of the last 10 years, twenty-three were remakes/reboots or adaptations of books, comic books or real life stories.

To tell the truth, I don't think most remakes even come close to the originals, whether it's a Japanese horror film or a Swedish mystery. I'm not saying that all recent movies have been bad. Even I have to admit some of them have been extremely well done.

But is it really necessary to remake every good foreign film with more famous actors who have extra celebrity power, just so that Hollywood can make more money?

I think Hollywood desperately needs original scripts right now, and it seems that some insiders are starting to feel the same way. Some studios are now trying to cultivate their own screenwriters by opening up workshops and creating opportunities for young, talented writers. If these efforts work well, we might see an influx of original Hollywood movies among all the reboots and remakes.

和訳

ハリウッドとリブートのトレンド

最近、オリジナル映画があまりないことに気がつきませんか？実のところ、過去10年間において興行収入上位25作品中、23点が、本、漫画、あるいは実在人物の物語のリメイク（作り直し）やリブート（仕切り直し）でした。

実のところ、日本のホラー映画であれ、スイスのミステリー映画であれ、リメイク版のほとんどは原作の足元にも及びません。最近の映画すべてが劣悪だというわけではありません。中には、かなりの出来栄えだと認めざるを得ない作品もありました。

しかしハリウッドのさらなる金儲けのためだけに、有名人としての影響力を持った、より知名度の高い俳優を使い、秀逸な外国映画を手当たり次第にリメイクする必要性は本当にあるのでしょうか？

今こそハリウッドには、独自の脚本が絶対に必要だと私は思います。ハリウッド関係者も同様に感じ始めているようです。映画制作会社の中には、若く才能豊かな脚本家に、ワークショップを開き、機会を作り出し、自前の脚本家を目下養成しようとしているところもあります。こうした取り組みがうまく行けば、リブート作品やリメイク作品があふれる中、オリジナルのハリウッド映画も流れ込んでくるかもしれません。

Target words & sentences No.25 Weddings and funerals

冠婚葬祭に関するコンテンツ

241 **surface** [səˈːrfəs] サーfィス
The surface seems very calm.

242 **polar** [poˈulər] ポゥラー
My sister and I are polar opposites.

243 **acquaintance** [əkweˈintəns] アクウェインタンス
I have many acquaintances but not many friends.

244 **dreaded** [dreˈdid] ドrエディd
Family gatherings can be dreaded social occasions.

245 **occasion** [əkeˈiʒən] オケィジョン
People rose to the occasion and helped out.

246 **exclamation** [eˋksklameˈiʃən] エクスクラメィション
Exclamations of horror could be heard outside the "House of horrors."

247 **somber** [sɑˈmbər] サンバー
Funerals are considered to be very somber affairs.

248 **overhear** [oˈuvərhiˈə] オウvァヒア
You can't help but overhear something in a crowd.

249 **subdue** [səbdjuˈː] サブデュー
The suspect was subdued by the police.

250 **immerse** [iməˈːrs] イマース
People immerse themselves in the music at concerts.

| 和訳 | check! 1.□ 2.□ 3.□ 4.□ 5.□ |

241 **表面** 名
表面上は落ち着いて見えます。

242 **正反対・極の** 形
私と姉は正反対です。

243 **知り合い** 名
私は知り合いはたくさんいますが、友達はあまりいません。

244 **とてもいやな** 形
家族の集まりは、わずらわしい付き合いの場になることがあります。

245 **出来事・場合・行事** 名
人々は危機に立ち上がって手伝いました。

246 **感嘆の声・叫び声** 名
恐怖の叫び声が、恐怖の館の外で聞こえてきました。

247 **厳粛な・堅苦しい** 形
葬儀はとても厳粛なものと考えられています。

248 **～をふと耳にする** 動
人ごみでは何かと耳にしてしまいます。

249 **抑える・屈服する** 動
警察によって容疑者は抑えられました。

250 **没頭する** 動
コンサートでは人は音楽に没頭します。

Passage 25 : Weddings and Funerals

Weddings and funerals: one celebrates a family's beginning and the other signals the end of someone's life. On the surface, they seem to be polar opposites, but both have a similar cultural importance: bringing friends, family and acquaintances together in one location for a common purpose. They can also be one of those dreaded, but unavoidable, social events one must attend.

Since weddings are joyous occasions, many happy exclamations can be heard during receptions. You must have heard hundreds of "I haven't seen you for ages!", "You haven't changed a bit!", or "I'm so happy to see you!" and so on.

Funerals, except for Irish wakes or other special customs, are usually somber affairs. Thus, even though one might overhear the same conversations as at a wedding reception, the participants are more subdued.

During both occasions, attendees interact and find something to share about the people getting married or the person being mourned. Some even say that weddings and funerals are great places to meet people. Definitely, it is the last time you will see certain people for the rest of your life. So the next time you go to a wedding or a funeral, try to get in the mood and immerse yourself in this very human custom.

和訳

check! 1.□ 2.□ 3.□ 4.□ 5.□

結婚式と葬儀。結婚式は家族の始まりを祝し、葬儀は人生の終焉を示します。表面上、両者は両極にあるように見えますが、ある文化的重要性を共有しています。それは、共通の目的のために、友人、家族、知人を一箇所に集めるということです。両者とも、わずらわしくても逃げられない、参加義務を伴う社会的行事にもなりえます。

結婚式は喜びの場であるため、披露宴は多くの祝福の言葉にあふれます。「何年もお会いしていなかったですね！」「まったくお変わりないですね！」「お会いできてうれしいです！」などを何百回と耳にしてきたのではないでしょうか？

アイルランド式の通夜や他の特殊な慣習を除けば、葬儀は通常厳粛なものです。したがって、たとえ結婚披露宴と同じような会話を耳にするとしても、参列者の感情はずっと抑えられています。

両場面において、出席者たちは交流し、新郎新婦あるいは故人について共有の話題を見つけます。結婚式も葬式も人々が出会う格好の席だ、とまで言う人もいます。残りの人生で、特定の人たちと出会う最後の機会であることには違いありません。今度、結婚式、葬儀のどちらかに行くときは、その場の雰囲気に浸りつつ、このあまりにも人間味あふれるしきたりに身を置いてみるのもよいでしょう。

Target words & sentences No.26 Medical

医療に関するコンテンツ

251 **malpractice** [mǽlprǽˈktis] マルプ**r**ァクティス
The doctor was sued for medical malpractice.

252 **define** [difaˈin] ディ**f**ァイン
Define what is and isn't a healthy snack.

253 **patient** [peˈiʃnt] ペィシャン t
Many patients are waiting in the hospital lounge.

254 **liable** [laˈiəbl] ライアブl
This drug is liable to cause sleepiness.

255 **improper** [imprɑˈpər] インプ**r**ォパー
Improper treatment can cause serious damage.

256 **diagnosis** [daˌiəgnoˈusis] ダイアグ**ノ**ウスィス
I have to wait several days for a diagnosis.

257 **reasonably** [riˈːznəbli] **r**ィーズナブリー
The medicine is reasonably priced.

258 **misstep** [missteˈp] ミス**テ**ッp
Because of one misstep, he lost everything.

259 **proper** [prɑˈpər] プ**r**ォパー
Please take proper care of your wound.

260 **scalpel** [skæˈlpl] ス**キャ**lプl
Be careful, the scalpel is very sharp.

| | 和訳 | check! 1.□ 2.□ 3.□ 4.□ 5.□ |

251 **医療ミス** 名
その医師は医療ミスで訴えられました。

252 **定義する** 動
何が健康的なスナックで、何がそうでないのか定義してください。

253 **患者** 名
病院のラウンジで多くの患者が待っている。

254 **(法的な)責任がある、～しがち** 形
その薬は眠気を起こすことがあります。

255 **不適切な** 形
不適切な治療は深刻な損傷を起こすことがあります。

256 **診断・診断結果** 名
診断結果を数日待たなくてはなりません。

257 **合理的に・無理なく** 副
その薬は、納得できる値段です。

258 **失敗・過失** 名
一度の失敗で、彼はすべてを失いました。

259 **適切な** 形
傷に適切な処置をしてください。

260 **外科用メス** 名
気をつけてください、外科用メスはとても鋭いです。

Passage 26 : Medical

Medical Malpractice

Medical malpractice is defined as a doctor causing harm to a patient by not providing the quality of care that other competent doctors would in a similar situation. Common reasons that doctors are found liable for medical malpractice include mistakes in treatment, improper diagnosis, and lack of informed consent.

When a doctor makes a mistake during the treatment of a patient, and another reasonably competent doctor would not have made the same misstep, the patient, or in case of death, their survivors may sue for medical malpractice.

If a doctor fails to provide the proper diagnosis, it can be just as bad as a slip of the scalpel. The patient will usually have a good case for medical malpractice.

Also, patients have a right to decide what treatment they receive and doctors have a responsibility to provide enough details about available treatments to allow patients to make informed decisions. When doctors fail to do so, they may be held liable for malpractice.

Patients and doctors alike need to be aware of their rights and responsibilities regarding treatment and both should always be careful.

和訳　　check! 1.☐ 2.☐ 3.☐ 4.☐ 5.☐

医療ミス

医療ミスとは、他の有能な医師であれば同様の状況で施したはずの適切な処置を施さず、患者に害を及ぼしてしまうことと定義されています。医師に医療ミスの法的責任があるとされる一般的な理由として、治療ミス、誤診、インフォームドコンセント（正しい情報を伝えた上での合意）が不十分であることなどが挙げられます。

ある医師が患者の治療中にミスを犯し、かつ、他のおおむね有能な医師が同じミスを犯さなかった場合、患者本人が、もしくは死亡した場合はその遺族が、医療ミスを訴えるかもしれません。

医師が患者に適切な診断を提供できないことは、外科用メスを手から滑らせてしまうのと同じくらい深刻な事態になりかねません。その患者は通常、医療ミスの訴訟に勝つだけの十分な言い分を得ることになります。

患者にも、どのような治療を受けるのかを決定する権利があります。そして、患者が十分な情報から決定できるように、施しうる治療について十分な詳細情報を提供する責任を、医師は負っています。医師がその責任を果たさなければ、医療ミスとして法的責任を問われる可能性があります。

患者、医師、両者ともに、治療に関する自らの権利と責任を認識し、常に注意を払う必要があります。

介護に関するコンテンツ

261 elderly [eˈldərli] エルダリー
My neighbor takes care of elderly people.

262 require [rikwaˈiər] rイクワイア
We require health insurance for this treatment.

263 considerable [kənsiˈdərəbl] コンスィダブl
They have to pay a considerable amount to get in.

264 psychological [saˋikələˈdʒikl] サイカロジカl
People are concerned about the psychological effects of the accident.

265 resident [reˈzidənt] rエズィデンt
Most residents in nursing homes are over 70 years of age.

266 typically [tiˈpikli] ティピカリー
Those are typically called tropical storms.

267 encourage [enkəˈːridʒ] エンカrィッジ
We try to encourage people to exercise regularly.

268 stimulation [stiˈmjələˋiʃən] スティミュレイション
Social stimulation is necessary to keep oneself sane.

269 supplemental [sʌˈpləməntl] サプリメンtl
We have some supplemental income.

270 frequently [friˈːkwəntli] frィークエントリー
I frequently visit my grandparents.

| 和訳 | check! 1.□ 2.□ 3.□ 4.□ 5.□ |

261 年配の 形
私の近所の人は、年配者の面倒を見ています。

262 〜を必要とする 動
私たちは、この治療のために健康保険を必要としています。

263 かなりの・相当な 形
彼らは入るために、かなりの金額を払わなくてはなりません。

264 心理的な 形
人々は、事故の心理的影響について心配しています。

265 住民 名
老人ホームの住民のほとんどは70歳以上です。

266 典型的に・通常は 副
これらは、一般的に熱帯性低気圧と呼ばれています。

267 勇気付ける・勧める 動
私たちは人に日常的に運動するように奨励しています。

268 刺激 名
正常な精神状態を保つためには、社会的な刺激が必要です。

269 補足の 形
私たちには、幾分かの副収入があります。

270 頻繁に・しばしば 副
私は祖父母をしばしば訪ねます。

Passage 27 : Caring for the Elderly

Nursing homes are for elderly people who require medical care and need considerable assistance to go about their daily lives. The goal of care in a nursing home is to help individuals meet their daily physical, medical, social, and psychological needs.

Generally speaking, seniors living in nursing homes have high care needs and conditions that require regular services from medical personnel. Due to their constant care needs, nursing homes usually have a licensed nurse on duty 24 hours a day.

Residents will typically share a room with their spouses if both are alive. They can eat meals in the dining area and are encouraged to be involved in activities that provide mental, physical, and social stimulation.

The average monthly cost of nursing home care ranges from the relatively low cost of 70,000 yen to really high-end care with a fee of more than 200,000 yen. Cost is determined by the level of necessary care, the facility, and the home's location. Due to the high cost of care, many residents need supplemental funding. Their children are frequently responsible for the payment.

和訳

老人ホームは、医療を必要とし、日常生活を送るうえで、相当な介助を必要とする高齢者のための施設です。老人ホームにおける介護の目的は、個々の高齢者が、日々の肉体的、医学的、社会的、心理的なニーズを満たす手助けを行うことにあります。

一般的に、老人ホームに暮らしている高齢者は、介護の必要性が高く、医療関係者からの定期的なサービスを必要とする状況にあります。継続的な介護の必要性から、老人ホームでは通常24時間、有資格看護士が待機しています。

夫婦ともに健在であれば、一般的には夫婦で部屋を共有します。食事は食堂でとることができ、精神的、肉体的、社会的な刺激を提供する活動に参加することが推奨されています。

老人ホームの月平均費用は、7万円という比較的低料金のものから、20万円を超えるかなり高級なものまでさまざまです。料金は、必要とする介護の程度、施設、老人ホームの場所によって決められます。高額な介護費用のため、多くの居住者は、補充資金を必要としています。居住者の子供たちが、その支払い責任を負うこともよくあります。

巻末資料

単語マスターのコツ

❶ 電子辞書の使い方

　単語を一番覚えやすいのは、英文を読んでいて自分がその意味を知りたいと思ったとき、あるいは日本語を英語で表現してみたいと思ったときでしょう。

　そんなとき電子辞書が手元にあれば、すぐに調べることができます。英単語の意味を調べるときは英和辞典、日本語を英単語に置き換えたいときは和英辞典機能を使います。

　ただし、電子辞書で一度調べたからといって、それだけで記憶に定着するわけではありません。しばらく時間を置いてしまうと、残念ながら一度調べた単語も忘れてしまいます。そんなとき、電子辞書であれば、何度同じ単語を調べても、それほど手間がかかりません。この「同じ単語を調べる」頻度が上がれば上がるほど、そうした単語から記憶に定着していきます。言い換えれば、忘れる回数が多いほど、電子辞書でチェックする回数も多くなり、結果的に記憶に残っていきます。

　一度手にすると手放せなくなる電子辞書ですが、その限界も知

っておきましょう。英語学習を始めたばかりの頃は、「意味を知りたい」単語が次々と出てきて、辞書を使うのが楽しくなります。

しかし、ずっと同じことをしていると、やがて調べる単語もいつも同じものになり、辞書を使うモチベーションが低下していきます。

そんなときは、単語学習のメインを電子辞書から本書に移し、しばらくは本書の例文を多読することでボキャブラリーを増やしていきましょう。同様に、本書に行き詰まってきたら、また電子辞書で、自分が言いたい単語を優先的に調べていきましょう。こういうサイクルを繰り返すことで、常に新鮮な気持ちで単語学習が続けられることでしょう。

＜電子辞書購入ポイント＞

❶発音記号の読み方がわからない人や初級学習者には、音声で単語を読み上げてくれる発音機能付がお勧めです。

❷上級者になると、似たような意味の単語の微妙な違いが知りたくなります。英単語を英語で解説している「英英辞書」機能がこうした好奇心に応えてくれます。

❸最近は、中国語をはじめとする他の外国語を学ぶ人も増えています。そのような人には、英語以外の外国語辞書機能がついているものだと一石二鳥ですね。

❹昨今は、WEBで最新語彙はチェックできるので、電子辞書は最新バージョンにこだわる必要もなくなってきました。経済性を優先するのであれば、少し廉価な旧型製品を購入してもよいでしょう。

❷ WEBの使い方

　タイムリーな記事を読もうとすると、電子辞書ではカバーしきれない最新の専門用語に遭遇します。そんなときは、WEBも併用するとよいでしょう。Yahoo!にそのまま英単語や英語表現を入力すれば、おおよそヒットします。日本で広まっていないかなり特殊な専門用語を除けば、日本語での解説にアクセスできる場合が多いです。

　たとえば、英字新聞などを読む際、電子辞書とタブレットPCなどの携帯ツールをそばに置いておけば、知らない時事用語が気軽に調べられ、知らず知らずのうちに、時事用語の知識も増え、海外ニュースを読むのが楽しくなってきます。

　本書でも、芸術から政治にわたる幅広い話題、さらには、さまざまな業種を想定したコンテンツに仕上げています。その中で特に興味がある話題を見つけたら、今度は自分自身で、辞書でカバーしきれない最新あるいは特殊な専門用語をWEBで調べてみましょう。一般的な、当たり障りのない英会話を脱却し、自分だけの深い英会話が展開できるようになれば、英語学習もいっそう楽しくなるはずです。

　実はタブレットPCを使うメリットはもう一つあります。カフェや電車などで英字新聞や英語の本を読むとき、電子辞書を頻繁に使うのは、「自分が初級学習者であること」を公にしている感じがして、少し抵抗を覚える方もいらっしゃるかもしれません。そんなときは、タブレットを使い、WEB辞書にアクセスしてみましょう。これであれば、周囲からは、ネットを読んでいるのか、辞書で単語を調べているのか見抜かれることはありません。

＜本書とWEBの併用学習＞

◆ STEP 1：その日の気分に合わせ、話してみたいページを見つけます。

◆ STEP 2：そのページで扱っている話題で、英語化してみたい表現や単語をWEBで調べます。「調べたい日本語　英語」と入力してみましょう。たとえば、「エコカー減税　英語」と入力して検索すると、"tax break for eco-friendly cars"というような表現が見つけ出せます。

◆ STEP 3：本書以外の英語メディアを読んでいるときに、英和辞書でカバーしきれない専門用語が出てきたら、「専門用語　とは？」と入力してみましょう。たとえば、「ETFとは？」と入力して検索すると、"Exchange traded fund＝TOPIX（東証株価指数）や日経平均株価、外国の株価指数などの基準になる株式を組み入れて、指数と連動するよう運用される投資信託（Yahoo!辞書）"をはじめとする解説にアクセスできます。アクセスしたサイトの解説がわかりにくいときは、別のサイトもチェックしてみましょう。

INDEX

さくいん

INDEX

見出し語　ページ数

a chance of rain	112	
abandon	266	
accent	164	
accept	36	
accessibility	206	
accessory	282	
accommodate	96	
	218	
accompany	214	
according to	176	
account	234	
accurate	278	
accurately	96	
achieve	94	
acquaintance	290	
acquire	278	
actually	172	
adaptation	286	
administrative staff	52	
advertise	206	
advise	72	
affordability	206	
aforementioned	278	

agency	92	
agenda	184	
agree	34	
aisle	128	
allow	36	
allowance	136	
alternative	266	
altitude	222	
analyze	262	
ancient	144	
anthropology	168	
apologize	176	
apply to	70	
appropriate	164	
approximately	222	
ask out	124	
assess	180	
asset	270	
assign	82	
at least	66	
atheists	160	
atmosphere	226	
attend	100	
attire	116	

attribute	266	
auditorium	218	
authentic	214	
automatic	234	
availability	278	
available	98	
awe-inspiring	226	
awkward	124	
Bachelor of Arts degree	70	
back someone up	42	
backdrop	270	
bakery	60	
banquet	106	
banquet	218	
basement	194	
battery	92	
bay area	58	
be called	64	
be going around	140	
be interested in	100	
be supposed to	66	
beneficiary	202	
benefit	88	

307

INDEX

beverage	214	
block	46	
board	238	
boarding pass	238	
booth	238	
break room	54	
break up	124	
breakthrough	258	
broadband	234	
brochure	82	
Buddhism	160	
budget	84	
built-in	194	
by weight	128	
cabin crew	222	
call someone back	188	
callback	234	
camcorder	254	
campus	70	
care about	116	
career track	156	
castle	144	
catch a cold	140	
celebrity	286	
cell (phone)	80	
charm	270	
check out	40	
checklist	184	
chore	136	
Christian	160	
classical music	120	
classmates	70	
clear out	42	
close	286	
clothes	116	
cloudy	112	
coast	226	
collapse	210	
collect	36	
colloquial	164	
come up with	36	
comfort	218	
commemorate	106	
commitment	266	
commuter town	58	
company cafeteria	54	
company		
headquarters	52	
compare	64	
competent	242	
competition	250	
competitor	254	
complaint	176	
complete	180	
complimentary	218	
composite index	210	
concert hall	120	
conclude	266	
confectionery store	60	
conference room	54	
confirm	188	
conform	168	
consider	180	
considerable	298	
consistently	214	
construction	78	
consumer	230	
contact	102	
continue	72	

308

contract	90	define	294	disaster	266
contribute	34	definite	168	discuss	34
convenience	218	definitely	254	dish	128
copy	184	delayed	222	distance	194
cough	140	deli	128		234
counterpart	250	deliver	36	distribution	250
course	70	demand	106	divorce	124
coverage	202	demonstrate	36	do the dishes	136
cram school	132	department store	58	donate	36
credit	132	departure	222	dormitory	70
criminal	148	depend on	66	downturn	152
crisis	210	deposit	194	dreaded	290
criteria	180	desk drawer	52	drop	112
crowded	120	desktop	52	drop off	40
cruise	222	desperately	286	drop out	132
cubicle	52	detail	84	due date	86
cuisine	218	determine	202	due to	222
cultivate	286	detrimental	262	earnings	262
cultural	168	device	254	earthquake	94
curriculum	242	diagnosis	294	ecommerce	282
custom	64	Diet	156	economic forecast	152
death penalty	148	differently	64	edge	254
decade	282	direction	46	education	72
deem	242	disappointed	214		

INDEX

effective	242	
efficient	84	
either way	270	
elderly	298	
elect	156	
elected official	156	
elementary school	132	
elite	156	
emergency	106	
employee	80	
employer	230	
encourage	298	
endure	274	
enroll	100	
ensure	202	
entertainment	274	
entrance exam	70	
environmental	198	
era	258	
establish	242	
exchange	238	
excitement	218	
exclamation	290	
exhibit	98	
exit	46	
exotic	226	
expand	80	
expect	168	
expensive	66	
experience	72	
experiment	92	
expertise	258	
export	64	
extremely	278	
ex-wife (husband)	124	
facility	92	
factor	180	
familiar with	96	
famous for	58	
fantastic	214	
fax machine	52	
Federal Reserve	210	
feminine	168	
feudal	144	
fever	140	
fiction	282	
figure	88	
file cabinet	52	
fill out	40	
financial	210	
find out	40	
fixture	206	
flu	140	
fluid	140	
fog	222	
follow the directions	48	
fool-proof	270	
for example	66	
foreign exchange	152	
foresight	270	
fountain	86	
franchise	206	
freezing	112	
frequently	298	
freshly	214	
freshman	70	
frozen food	128	
fuel	198	

function	230	
funeral	160	
furnished	194	
gallon	198	
gender	168	
generalist	230	
get down on one's knees	36	
get off at	46	
get out from	46	
get to	46	
get to know	124	
give someone a hand	180	
give up	42	
go down	46	
go over	102	
go straight	48	
going out for drinks	100	
government bureaucrats	156	
GPS	282	
grades	70	
graduate	70	
graduate school	72	
grammar	164	
greenhouse gas emissions	198	
grocery store	60	
grow	34	
growth	262	
guilty	148	
gym	60	
half-baked	242	
hand-held	282	
handle	36	
handout	184	
happy to have you	172	
have (something) in common with	124	
hay fever	112	
headache	140	
hesitate	230	
history buff	144	
hold	86	
hometown	58	
hospitality	218	
How about you?	172	
How do you spell ~?	188	
humid	112	
immerse	290	
imperative	242	
import	128	
impression	104	
Impressionists	120	
improper	294	
improvement	198	
in addition to	64	
in case	188	
in fashion	116	
in time	94	
incident	176	
include	78	
individual	274	
individuality	168	
industrial	210	
infectious disease	258	
inflation	152	
in-flight	222	
ingredient	128	
injury	246	
install	92	

311

INDEX

instead	254	
institute	198	
instrument	106	
insurance agent	202	
intense	250	
internal	262	
intersection	48	
intonation	164	
intravenous injection	258	
investment	270	
invite	172	
involve	104	
issue	262	
itinerary	108	
Jewish	160	
judge	148	
junior high school	132	
keep on	42	
keep up with	116	
kick off	40	
kind	66	
ladder	104	

laptop	52	
lately	286	
latest	116	
launch	102	
lawyer	148	
lean	82	
leave a message	188	
leverage	254	
liable	294	
library	60	
life Insurance	202	
line	234	
liquidate	270	
local	234	
locate	238	
location	206	
long-term	198	
look forward to	42	
look over	40	
luggage	86	
magnificent	226	
major	72	
make a stop	42	
malpractice	294	

Mandarin Chinese	164	
masculine	168	
Master's degree	72	
mature	254	
May I have your ~ please?	188	
May I help you?	188	
May I speak to/with	188	
mean	66	
measure	90	
medical	258	
mention	36	
method	88	
midterm	132	
milestone	210	
military commander	144	
minutes	184	
miss	274	
misstep	294	
monthly	234	
mop	136	
mostly	64	
multi-billion	282	

multinational	152	
murder	148	
muscle	246	
museum	120	
Muslim	160	
narrow	48	
navigate	278	
nearby	60	
negotiate	176	
next to	48	
nice talking with you	172	
nonexistent	282	
notice	286	
notify	104	
nuclear	266	
(number) times	66	
numerous	282	
objective	180	
occasion	290	
offer	34	
on the corner	48	
on the other hand	66	
on the __ floor	48	

on track	210
on your (right/left)	48
operational	262
opportunity	274
option	202
ordinary	250
organic	128
original	64
out of stock	94
outfit	116
overhear	290
paid vacation	102
painting	120
palm	246
paperbacks	250
parcel	108
parking lot	60
participate	34
pass	132
pass down from	136
passenger	238
patience	238
patient	294

performance review	180
period	144
period drama	144
permanent	202
person in charge	54
pharmaceutical	258
pharmacy	60
PhD	72
physical	206
pick up	40
plant	34
pleasure to meet you	172
plenty	184
polar	290
policy	156
polish	136
politician	156
portability	234
postpone	94
practical	230
practice	84
precede	266

INDEX

prefer	88	quantify	180	reliable	270
prepare	96	railway	238	religion	160
presence	278	range	230	remain	250
previous	172	ratio	242	remake	286
primary	278	real estate	194	remodel	194
Prime Minister	156	reasonable	120	renovate	104
pristine	226	reasonably	294	rent	194
privilege	226	reboot	286	repair	78
produce	60	receive	80	replace	202
productivity	262	reception	54	represent	250
professor	72	recession	152	reputable	202
profit	152	recommend	88	request	84
projector	184	reference	184	require	298
pronunciation	164	reflect	198	reserve	226
proper	294	refreshments	98	resident	298
property	194	refuse	78	resolve	176
protect	34	regarding	230	respect	72
proven	242	regime	246	retail	206
provide	230	region	262	revenue	152
psychological	298	regulatory	266	review	98
public bath	60	relationship	124	role	168
purchase	102	relative	86	router	234
pursue	156	relatively	254	ruin	144
qualify	176	release	266	run into	42

run out	42	
run out on	172	
rural	58	
sales person	116	
sales representative	52	
savings account	100	
scalpel	294	
sculpture	120	
seat	120	
senior	132	
set up	40	
settle	176	
sharply	112	
Shinto	160	
shortly	238	
shoulder blade	246	
show off	42	
shredded	214	
signature	90	
significant	144	
skyrocket	250	
skyscraper	274	
somber	290	
sore throat	140	
spacious	194	
~speaking	188	
specialize	108	
speech pattern	164	
spend time	34	
spice	128	
spot	274	
spouse	124	
stapler	54	
start	34	
station building	58	
stationery	54	
stay on	48	
step out of	188	
stiff	246	
stimulation	298	
stock	210	
storage	54	
straight	246	
strain	246	
strategy	90	
strengthen	210	
strewn	226	
strict	160	
struggle	274	
subdue	290	
subject	230	
submit	108	
subsidiary	254	
suburb	58	
subway station	46	
successful	96	
succumb	250	
supplemental	298	
supply	82	
surface	290	
sweat	246	
sweep	136	
symptom	140	
"take (a day, afternoon, morning) off"	140	
take advantage of	98	
take care of	176	
take inventory	54	
take notes	184	
take out the trash	136	

INDEX

take part in	42	
temperature	112	
temple	160	
tenant	274	
test score	132	
testify	148	
textbook	164	
the__th (station/stop)	46	
theater	120	
thesis	132	
top-grossing	286	
tourist attraction	58	
track	238	
trade	218	
trade deficit	152	
traditionally	64	
traffic light	48	
tranquil	226	
transfer	78	
transformation	262	
translate	64	
transportation	198	
trend	116	
trial	148	
turbulence	222	
turn (right/left)	46	
typically	298	
unaffiliated	278	
unbelievable	282	
uncertain	274	
unfortunately	242	
unsteady	270	
upset	176	
urban	58	
used to	172	
usher	258	
utensil	136	
vaccination	258	
vaccine	258	
vacuum	136	
valuable	66	
value	142	
vehicle	198	
vending machine	54	
venture	206	
verdict	148	
verify	184	
vermicelli	214	
vibrant	214	
visibility	206	
vocabulary	164	
vote	82	
wake up	40	
warehouse	80	
warm	112	
warrior	144	
waste	90	
wear	116	
weather forecast	112	
wedding anniversary	124	
weightlifting	246	
What do you do?	172	
whole wheat	128	
wisely	278	
withdraw	108	
witness	148	
work ethic	180	
work on	40	
workplace	52	

著者プロフィール Author Profiles

安達 洋（あだち・ひろし）
Hiroshi Adachi

1964年生まれ。中央大学法学部法律学科卒業後、繊維商社を経て、外資系医療機器商社で、プロダクトマネジャーなどを務める。その後、コロンビア大学大学院へ進学、修士課程（英語教授法）を修了。現在は企業研修講師集団ラーナーズジムを主宰し、東証一部上場企業をはじめとする多くの企業で社員向け英語教育に従事。主な著者に『英語「格差」社会の飛び越え方』（扶桑社）、『日産を甦らせた英語』（光文社）、『海外経験ゼロでも話せるようになる1日5分ビジネス英語トレーニング』『スティーブ・ジョブズから学ぶ実践英語トレーニング』（以上、総合法令出版）など。
ブログ　安達 洋の企業研修レポート
http://ashitawahareruyo.blog.ocn.ne.jp/

岩崎 ゆり子（いわさき・ゆりこ）
Yuriko Iwasaki

米国マサチューセッツ州ハンプシャーカレッジ卒業。外資系ホテルを経て、翻訳会社でプロダクトマネージャーなどを務める。現在ラーナーズジム提携講師。TOEICの指導およびサービス業における英会話研修に定評がある。また、フォニックスを使った児童英語教育を実施している。その他通訳・翻訳の実績多数。TOEIC990点、国連英検A級。安達 洋氏との共著に『海外経験ゼロでも話せるようになる1日5分ビジネス英語トレーニング』（総合法令出版）、『レストランの接客英語』（ナツメ社）、『これならできるTOEICテスト目標350点』（明日香出版社）などがある。

CD制作：
株式会社東京録音

CD制作協力：
キャプラン株式会社
Jプレゼンス アカデミー事業グループ

CDナレーション：
ジェフリー・ハッシュ（Geoffrey Hash）
アラミンタ・ハモンド（Araminta Hammond）

視覚障害その他の理由で活字のままでこの本を利用出来ない人のために、営利を目的とする場合を除き「録音図書」「点字図書」「拡大図書」等の製作をすることを認めます。その際は著作権者、または、出版社までご連絡ください。

TOEIC 対策にも使える
１日５分ビジネス英単語トレーニング

2012 年 5 月 5 日　　初版発行

著　者	安達　洋
	岩崎ゆり子
発行者	野村直克
発行所	総合法令出版株式会社
	〒 107-0052
	東京都港区赤坂 1-9-15
	日本自転車会館２号館７階
	電話　03-3584-9821　(代)
	振替　00140-0-69059
印刷・製本	中央精版印刷株式会社

©Hiroshi Adachi,Yuriko Iwasaki 2012 Printed in Japan
ISBN978-4-86280-306-1
落丁・乱丁本はお取替えいたします。
総合法令出版ホームページ　http://www.horei.com/

本書の表紙、写真、イラスト、本文はすべて著作権法で保護されています。
著作権法で定められた例外を除き、これらを許諾なしに複写、コピー、印刷物やインターネットのWebサイト、メール等に転載することは違法となります。

総合法令出版好評既刊

海外経験ゼロでも話せるようになる
1日5分ビジネス英語トレーニング

安達 洋　岩崎ゆり子[著]

四六判　並製　　　　定価(本体1600円+税)

多忙なビジネスパーソンが通勤時間などのスキマ時間を使って効率的にビジネス英語をマスターできるようにした画期的な書。1つのユニットを5分で勉強できるようになっているので、毎日の学習の習慣づけにピッタリ。各ユニットはすべて実際のビジネスシーンで使われる単語や表現を網羅しているので、本書を繰り返し勉強すれば、実践的なビジネス英語を話したり聴き取ることができるようになること間違いなし。また付属CDには、ノーマルスピードとともにリスニング力強化に有効な2倍速音声を収録。

総合法令出版好評既刊

スティーブ・ジョブズから学ぶ
実践英語トレーニング

安達 洋　渋谷奈津子[著]

四六判　並製　　　　　定価（本体1700円+税）

スティーブ・ジョブズが残した数々のプレゼンテーション、スピーチ、インタビューなどから珠玉のメッセージを約60、原文のまま引用して日本語訳も掲載。英語初級者向けに詳しい文法的解説を加えたほか、中級者以上にも役立つ応用表現例を多数掲載して、読者がジョブズ流の表現やロジックを自分のものにできるようにしている。また付属CD（2枚）には、本書に掲載したすべてのジョブズの言葉と応用表現をカバーしたネイティブスピーカーによる朗読を、ノーマルスピード及びリスニング力強化に有効な2倍速音声で収録。